愛知の寺子屋

丹羽健夫
Takeo Niwa

風媒社

はじめに

先輩たちは大変な記録を残してくれたものである。

寺子屋といえば江戸期から明治五年の近代教育制度の基となった「学制」発布まで、日本の庶民の読み書き算数の基礎教養を支えた民間の初等教育である。幕府や藩などの官とは関係なく広まった、純粋に民間の学びの場である。

昭和六・七年、愛知県の全小学校の先生方が、愛知教育会からの依頼で校区にかつて存在した、寺子屋の聞き取り調査に出動した。寺子屋に通学した経験を持つ、まだ生きているお年寄りからの聞き取り調査である。本書はその調査報告書を分析しまとめたものである。

昭和六年といえば寺子屋の最盛期であった江戸幕末、明治初期から、約六十数年を経ている。明治元年に八歳で寺子屋に入学した人が、昭和六年では七一歳である。

いまでこそ七〇歳代といえば珍しくないが、当時としては数少なかったであろう。その古老を探し当てて、寺子屋の話を聞いたのである。もう十年遅ければ、記録も取れず本書も成立しなかったであろう。

記録を読んでいって印象的なのは、貨幣経済の浸透がいかに師匠と寺子、つまり先生と生徒のあいだ、あるいは人と人のあいだの関係を変えていったかが、如実にわかることである。

つまり授業料の支払いが金納が盛んな地域と、物納あるいは無料が一般的な地域とで人と人との関係が次第に変わっていくのである。師匠と筆子（生徒）および保護者との関係が確実に変わっているのである。

物納地域あるいは無料地域では、我々の父母、祖父母から受けつがれ、そして我々自身の心中奥深く眠っていた懐かしいあの頃の記憶が、デジャヴュが呼び覚まされるのである。

寺子屋は近代国民国家日本の成立とともに消滅する。

近代国民国家にとって国民の義務教育は必須の課題である。日本では一八七二年（明治五年）に学制が発布され、公的教育である義校が置かれ、それが小学校に移行していく。英国では一八七二年に「初等教育令」制定されている。米国でも一八五二年に「マサチューセッツ州義務教育法」が制定され、それがその後の各州のそれの嚆矢となる。

面白いことに英国でも米国でも義務教育制定以前には寺子屋に似た教育機関が存在して

いた。それも日本では仏教の寺子屋だが、各国でも寺つまり教会で初等教育もどきが行われていたのである。

しかし各国の場合は宗教色の強いものであったらしい。日本の寺子屋でも発生は寺であり、そののち俗世間に広がるのだが宗教色は強くなく、あくまで読み書き算術が中心であった。ただし説教臭いものといえば実語教、童子教などの科目があったが、これらは宗教色は強くなく、むしろ処世術、世渡り術的なものであった。

いずれにせよ寺子屋は、最盛期には六万軒を数えたほどの盛り上がりを見せて、明治の近代学制にバトンタッチをしたのである。その寺子屋の実態を昭和六・七年の愛知県の小学校の先生方による調査報告をもとに探ってみよう。

愛知の寺子屋　目次

第4章 そもそも寺子屋とは何か 99

扉図『日本の学校』（L・クレポン）

第1章

昭和六年、愛知県の全小学校の先生が寺子屋を調査

寺子屋との出会い

私は予備校河合塾が発行している高校の先生向け情報誌『ガイドライン』の中の「教育を読む」という書評コラムの執筆を担当している。二〇〇八年七・八月号のその欄では、ちくま新書の高橋敏著『江戸の教育力』を取り上げた。

本書の前半は寺子屋に関しての研究成果を分かりやすく記述したもので、寺子屋についてはうすうす承知していたものの、深く知ることのなかった私にとっては、大げさに言えば衝撃的であった。

寺子屋が江戸時代の「お上」とは無関係に、それぞれの地域での民間人による自然発生的なものであったこと。

そしてその数がこの本の著者によれば、日本中で六万は越えていたであろうこと。

師匠と寺子（生徒）との絆は深く、筆子中（同窓会）が師匠の徳を偲び、恩に報いんと、師匠の死後建てた筆子塚が、全国に万単位で存在するということ。

特にあの何かにつけてやかましい江戸時代のお上の下にあって、自然発生的で自由な教育を行っていることは、現代の学習塾・予備校に通ずるところがあって、かつて予備校の経営陣の末席を汚していた私には親近感がもてたのだ。

それ以来数カ月のあいだ、寺子屋に関する書物・論文を読み漁った。その間私の関心はいつの間にか束修・謝儀、つまり入学金（束修は現代的な入学金ではなく入学時の挨拶料あるいは手土産）・授業料に絞られていった。元予備校の経営陣の一人としては、教育の内容にももちろん興味はあるが、なによりも生徒はどれぐらいのお礼を師匠に出していたのか、生徒数はおよそどれぐらいか、師匠はそれによって年間どれくらいの収入を得ていたのか、が気になったのである。予備校の生徒募集と収入に、長年にわたって身をやつしてきた人間の悲しき性なのか。

しかし奇妙なことにどの書物・論文にも束修・謝儀について、包括的に取り上げたものは見当たらない。個別具体的な一、二の寺子屋のそれについて調査したものはあるが、全体を把握できるものはない。しかも大抵の記述が、師匠は欲得抜きで寺子屋をやっていたので束修・謝儀など取るに足らぬものであった、というニュアンスである。

私は少し意地になった。もちろん江戸時代に、全国寺子屋協議会などというものがあって、入学金授業料の情報交換をするなどということは考えられないが、それにしてももう少し具体的かつ包括的にまとめた文献があってもいいのではないか。

近代、つまり明治になってからの寺子屋に関する組織的な調査は明治一六年、当時の文部省（現・文部科学省）によって各都道府県への調査依頼のかたちで行われた。これに対する各都道府県の調査結果は、欠けている県があるなど不十分なものであったにせよ『日本教育史資料』として明治二〇年代に出版されている。

そのとき行われた調査の書式が図1である。その調査項目の（十四）番目、最後から二番目に「束修謝儀の状態」という項目がある。この項目の記録が残っていれば、私の願望もかなえられたであろう。

しかし痛恨なことに、当時の文部省は調査項目（一）から（七）まで、つまりどんな人がどれくらいの規模で、どんな科目を教えていたのかのみに関心がとどまり、それが日本教育史資料に一寺子屋あたり一行で列挙されている。（図2）

しかし調査項目（八）以降の「教科書名」、「行事」、「賞罰状況」、「束修謝儀」の状態などの興味深いところは、玉川大学教育学部の『日本教育史の研究』によれば残念ながら廃棄された模様である。もちろん当時の文部省は、世界史上他に類を見ない、わが国の近世における民間発の、量的に壮大な教育機関「寺子屋」の重要性にようやく気づき、その量的事実に重きを置くあまりこのような資料になったのであろう。その気分は充分に分かるが、他の貴重なデータが残っていないことは、返すがえすも残念である。

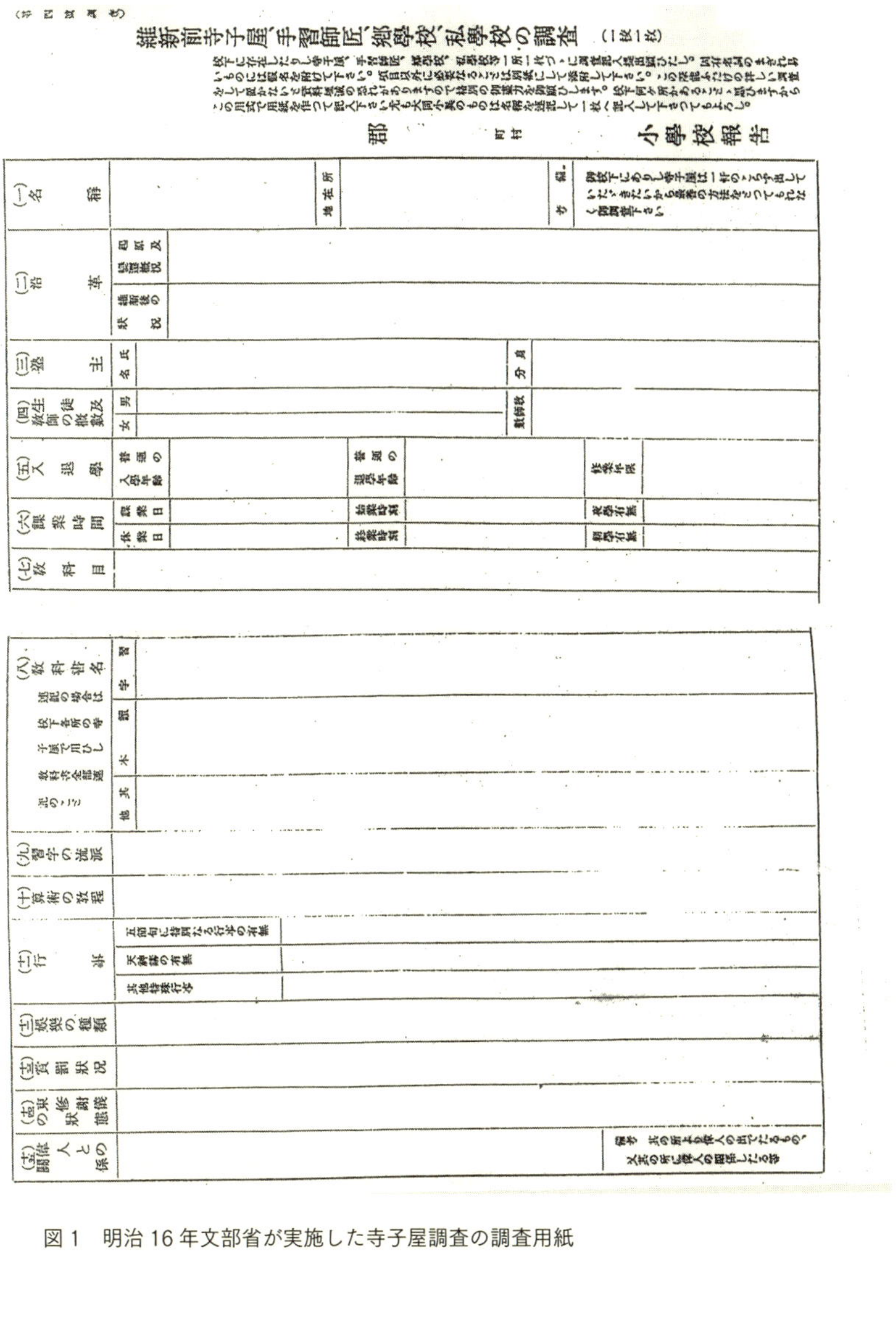

図1　明治16年文部省が実施した寺子屋調査の調査用紙

南牟婁郡

……	讀書算術	仝	二郷村	天保初年	……	男一	男三〇 女一〇	……	平民	平岡玄俊
……	讀書禮儀	仝	島原村	仝七八年頃	……	男一	男一五 女五	……	僧	春芳
……	仝	仝	十須村	仝八九年頃	……	男一	男一〇 女五	……	僧	大純
……	仝	仝	大原村	天保年間	……	男一	男八 女二	……	僧	鈎保
……	讀書	和歌山領	相賀村	……	……	男一	男五〇 女二〇	明治二年	僧	上村諦倫
……	讀書算術	仝	木本浦	……	明治六年	男一	男九〇 女三〇	仝四年	神官	南大助
……	算術	新宮領	阿田和村	……	仝	男一	男五七 女一五	仝二年	農	大野四郎兵衛
……	讀書算術	仝	鵜殿村	……	仝	男一	男六〇 女三〇	慶應二年	平民	中村源兵衛

愛知縣

私塾

名古屋區

名稱	學科	舊管轄	所在地	開業	廢業	教師 男女	生徒 男女	隆盛年代	調査年代	身分	塾主氏名
朝日學校	漢學	……	南伊勢町	天保八年	繼續	男二	男二四五 女五	明治元年	明治四年	士	佐藤楚材
養源學舍	仝	……	裏鹽町	文安四年	明治十三年	男二	男九〇 女五	天保年間	天保七年	士	彥阪作十郎
……	仝	……	鐘木町	天保二年	繼續	男一	男一〇〇	仝十年	嘉永二年	士	河原高明
……	仝	……	梅園町	安政三年	仝	男一	男三〇	……	應慶元年	士	森村宜民
日新堂	仝	……	芳野町	天保三年	明治十一年	男一	男五〇	天保末年	仝	士	細野忠陳
醫學館	漢方醫學	……	園井町	……	……	……	……	……	弘化元年	藩醫	浅井儀一郎

愛知縣　四〇一

図 2 「日本教育史資料」（明治 20 年代、文部省発行）

尋常高等小学校の先生、調査に走る

しかしそうこうするうちに、私は不思議な書物に出会った。『寺子屋と下津』という、書物というよりパンフレットのような薄手のものである。愛知県稲沢市下津町の横山義治という郷土史研究家が著したものである。その「はじめに」は次のようなものであった。

「私が師範学校を卒業して中島郡寧静尋常高等小学校（今の一宮市立大和西小学校）の教員になったばかりの頃、確か昭和六年のことであった。

ある日、伊東校長が職員を集めて、

『今度県から依頼があって、昔校下の村々にあった寺子屋について調査することになった。故老をたずねて、どこにどういう人がどの位の子供を集めて寺子屋をやっていたか、どんなことを教えたか等、出来るだけ聞き出してほしい。』

と話され、私達職員は夫々手分けして村へ調査に出かけたのであった。

私は字担任（＊筆者注　校区の字ごとに担当があったのであろう）の関係で野村先生と福森の一老人を訪れた。八〇才位のおじいさんで、今はその名も家も記憶にないが、寺子屋へ通ったことのある人だったのでこちらの質問に次々と答えられ、それまで寺子屋については教育史で通りいっぺんに学んだ知識しか持っていない私には、大変興味深いことばかりであった。

今、頭に浮かんで来るのは、老人が、

『ながしゆらやしようそこおうらいを教えてもらった。』

と言われるのに、何の事かわからず、とまどったものだった。聞いているうちに、やっとそれは名頭、消息往来のこととわかる始末であった。……（以下略）」

この文章を書いた横山義治氏は、文中にあるように昭和六年（一九三一）に、当時の学制によれば多分一九歳で師範学校を卒業し、小学校教員になったとすると、平成二四年（二〇一二）の現在、百歳になっておられるはずである。ご健在であられるか。

この一文は私を欣喜させた。昭和六年の上記の寺子屋調査の結果資料が、どこかにあるはずだ。

そしてそれはあったのだ。

昭和六年、愛知教育会は県下の全尋常高等小学校に向けて、それぞれの校下にかつて存在した寺子屋の調査を命じたのだ。しかもその調査項目は図1の、明治一六年に文部省が各都道府県に依頼したものをそのまま踏襲していた。「(一四) 束修・謝儀の状態」もちゃんとある。

そしてその調査結果は『維新前寺子屋、手習い師匠、郷学校、私学校の調査』尾張西部編、尾張東部編、三河西部編、三河東部編のB四版全四部として現存していたのだ。

上記の横山義治氏たちの調査も、尾張西部中島郡大和村　寧静尋常高等学校のレポートとして、七件の寺子屋の詳細が報告されているではないか。

私は重い尾張西部編を押し頂いてページをめくった。冒頭が名古屋市である。そのあと丹羽郡、葉栗郡、中島郡、海部郡と郡単位で続く。

次頁図3の例のように調査を担当した尋常高等小学校名を明記して、手書きのレポートが綴じられてある。手書きなので達筆に感心するものや、達筆すぎて、また悪筆で判読に苦労するものもある。また仮名は片仮名あり平仮名ありであるが、文体は文語体である。

そうか、公文書は昭和二〇年の敗戦まで文語体だったのだ。

（第四號調査）

維新前寺子屋、手習師匠、郷學校、私學校の調査　（一校一枚）

校下に存在したりし寺子屋、手習師匠、郷學校、私學校等一所一枚づゝに調査記入提出願ひたし。固有名詞のまぎれ易いものには假名を附けて下さい。項目以外に必要なることは別紙にして添附して下さい。この際能ふだけの詳しい調査をして置かないと資料埋滅の恐れがありますので格別の御盡力を御願ひします。校下何ヶ所かあることゝ思ひますからこの用式で用紙を作つて記入下さい尤も大同小異のものは名稱を連記して一枚へ記入して下さつてもよろし。

郡　名古屋　市町村　八重尋常高等小學校報告

項目		内容
(一)名稱		不明（牧野） 龍栄堂（松岡）
	所在地	名古屋市東区宮町四丁目 仝　針屋町三ノ七
	備考	御校下にありし寺子屋は一軒のこらず出していたゞきたいから最善の方法をとつてもれなく御調査下さい
(二)沿革	起原及變遷概況	不明
	維新後の状況	牧野左右織氏宅ニ明治六年一月十五日平子徳右衛門、日比野茂兵衛、伊藤九郎助ノ諸氏相謀リテ義校ヲ設立第二十義校ト称ス其ノ後度々改称シテ現今八重小学校トナル 龍栄堂ハ松岡某氏ノ宅ニテ明治五年十月頃其ノ生徒ヲ義校ニ入学セシム
(三)塾主	氏名	牧野左右織 松岡某
	身分	特ニ無シ
(四)生徒及教師の概數	男	牧野塾　五〇名 龍栄堂　五〇名
	女	仝　二五名 仝　三〇名
	教師數	一名 一名 男生ハ先生 女生ハ其ノ夫人
(五)入退學	普通の入學年齢	六、七才
	普通の退學年齢	十五才位（元服マデ）
	修業年限	一定セズ各自家事ノ都合ニヨリ退学
(六)課業時間	課業日	一、六ノ日ヲ除ク
	休業日	一、六ノ日
	始業時刻	午前八時頃
	終業時刻	午后二時頃ハ三時
	夜學有無	無
	朝學有無	無
(七)教科目		讀方、習字、

図３　寺子屋調査の報告例

(八)教科書名
連記の場合は校下各所の寺子屋で用ひし教科書全部連記のこと

習字　いろは歌、町盡し、國盡し、意見状、商賣往來等

讀本　習字即チ讀方
上級ノ者　孝經、大学、孟子

其他　算術ハナシ

(九)習字の流派
御家流

(十)算術の教程
珠算(町内ニ住居スル得意ナ人ニ就キテ学ブ　加減乗除)

(十一)行事
五節句に特別なる行事の有無　正月ニ書初メ　清書會
天神講の有無　天神様ノ日ニ大文字ヲ書イテ掲ゲル、
其他特殊行事　初午ノ日ニ師匠ノ家ニテ赤飯ヲ饗應スルコトアリ、

(十二)娛樂の種類
無

(十三)賞罰狀況
品行ヨク成績優等ノ者ニ賞与トシテ筆一二本位授ケルコトアリ
罰　留置

(十四)束修謝儀の狀態
入学ノ時ニ小祝儀トシテ少許ノ金子ヲ束修トシテ出ス
盆暮ニ(身分ニ應じ)謝儀ス

(十五)偉人との關係
偉人トシテハ無ケレド鈴木惣兵衛氏ハ其ノ一人ナリ

備考　其の所より偉人の出でたるもの、又其の所に偉人の關係したる等

古老からの貴重な聞き取り

ちなみに当然のことながら、昭和六年に小学校の先生方がこの調査の聞き取りに歩いた相手、元寺子屋通学経験者はこの時点ではみなお年寄りである。その人たちは明治五年に近代学制が制定され、寺子屋が消滅に向かう時期の最後の通学経験者で、幕末から明治の初めにかけて、寺子屋に通っていた人達である。

その人達の年齢を推し量ってみよう。かりに慶応元年（一八六五年—明治元年の三年前）時点で九歳で寺子屋にかよっていたと仮定すると、昭和六年には七五歳である。つまり彼らのほとんどは、少なくとも七〇歳以上のお年寄りたちであったであろう。（寺子屋の通学年齢はもちろん規定はないが、ほぼ七歳から一〇歳までに入学し、就学期間は、多くは二年から四年である）。

したがってこの小学校の先生方の記録は、時代的には当然幕末から明治初年にかけての寺子屋の状況のものと考えるべきであろう。このことは後ほど、その時代の謝儀（授業料）の生活上の金銭的価値を模索するために、重要なポイントになる。なぜならひとくちに江戸時代の物価といっても、前期、中期、後期、幕末では大きな相違があるからだ。

それにしても調査にあたった小学校の先生方は、大変なご苦労があったであろう。なにしろ六〇数年前、先生方が生まれる前の情報を古老を探し当てて聴き出すのだから。それに当時は今ほど高齢者が豊富に生息している時代ではなかったし。

ちなみに調査項目の「(二)沿革　維新後の状況」に、下記のような記載もある。

「本年七十歳乃至九十歳位の老人が幼少の時学びたる寺子屋にて　その師死亡ののちは絶家　その血統を受け居るもの当所にはなし　その居地は今道路及畑となっている明治三・四年頃行方不明の血統を受け居るもの当所にはなし　彼の居地は今桑畑になっている。」東加茂郡　賀茂第三尋常小学校

(現代語訳)

今年七〇歳から九〇歳位までの老人たちが、幼少のときに学んだ寺子屋を訪ねたところ、その寺子屋の師匠が亡くなった後は家系は絶え、その血統を受け継ぐものはここには居ない。その跡地はいま道路と畑になっている。

明治三・四年ごろにはいたはずで、その後行方の分からなくなっている、血統を継

ぐはずの人もここにはいない。その跡地は今桑畑になっている。

愛知教育会の依頼に従って、懸命にかつて寺子屋のあった場所や、師匠の末裔を追跡するのだが、その場所は道路や桑畑になっており痕跡も残らず、末裔の消息も杳として知れず、途方に暮れる小学校教師の姿が見えるようではないか。

第2章

尾張西部の寺子屋の謝儀（授業料）

名古屋市の場合

さて、本論の「束修、謝儀」はどうなのか。尾張西部編の名古屋市からみていこう。当時の名古屋市の小学校九四校中四四校が寺子屋を発掘し、報告書を出している。発掘した寺子屋数は八八件である。「束修、謝儀」欄が埋められているもののうち、代表的な例をピックアップしてみよう。各末尾に小学校名を記す。

またいずれも簡単な文語文であるが、念のため現代語訳を付ける。

「入学ノ時ニ御祝儀トシテ少許ノ金子ヲ束修トシテ出ス
盆暮ニ（身分ニ応シ）謝儀ス」　名古屋市　八重尋常高等小学校
（入学の時に御祝儀として、師匠に少しばかりのお金を入学のご挨拶として出す。お盆と年末には、身分に応じて謝礼（授業料）を出す。）

金納の例である。しかし金額は不明。

「上、半年ニ二分　中、仝一分　下、仝上二朱
別ニ定メス」　名古屋市　大成尋常高等小学校
（授業料は、高額の場合は半年に二分、中間で一分、小額で二朱。束修──入学金はべつに決まっていない。）
金納の例で、しかも金額を明記している。保護者の資産状況に応じて、フレキシブルだ。
なお、当時の金銭価値と現代のそれの比較は、後に触れる。
「束修不詳、兄弟子ヘノ土産物ハアリシ由（菓子位）
謝儀　半期ニ天保銭五枚即チ五百文　上〇（＊一字不明）ガ二朱位。」　名古屋市　小川小学校
（入学の挨拶に師匠に何を持参したかは不明だが、先に入学している生徒たちに菓子くらいの土産物はあったようだ。授業料は普通は半年に天保銭五枚、すなわち五百文（＊約一朱）多い人だと二朱くらい。）
「四銭（一人一カ月）二銭（二番目ノモノ）三人目ヨリハ無束修（＊謝儀の誤りであろ

う)」名古屋市　旗屋尋常小学校
(一人一カ月四銭だが、兄弟の場合二番目の人は二銭、三人目からは無料)
ふむふむ、兄弟割引だな。一カ月四銭は、年間で四八銭となり、約二分の一両。
「束修トシテハ別ニナク、入学ノ際赤飯ヲ師ノ下ニ送ルヲ例トス
謝儀、半期ニ一分銀一個、農業者ハ前期ハ麦一斗、後期ハ米一斗ヲ収穫時ニ師ノ下ニ送ル」名古屋市　米野尋常高等小学校
(入学金はないが、通常入学の際赤飯を師匠に贈る習慣。授業料は半年に一分銀一個、家が農業の場合は前期は麦一斗(一〇升)、後期は米一斗を収穫時に師匠に贈る)
なるほど、金納・物納どちらでもよいわけだ。この記録は当時の米価の、おおよその見当をつけるのに重要だ。一分銀一個が米一斗に近いのか。
「随意　半期ニ謝儀ヲ贈る、謝儀ノ程度一定セズ。師匠モカカルコトハ無頓着」名古屋市　清水尋常高等小学校

（束修は随意、半年毎に授業のお礼を贈るが、お金か物か、またどれくらいかは一定していない。師匠もこのようなことには無頓着）

「一定の掟となく時々農産物の取り上がりたる物を初穂といひて一重づつ持ち来りて謝意を表したり」名古屋市　今池尋常小学校

（一定の決まりはなく、時々農産物の最初に収穫したものを初穂と称して、重箱に一箱ずつ持ってきて謝意を表した）

物納の代表例だ。なるほど江戸末期、今の名古屋市千種区今池町は農村だったのだ。

一両は三人家族の一カ月分の食費

それにしても名古屋市では、物納・金納の違いや、あるいは無報酬と様々である。金納にしても金額自体の差は大きいが、寺子屋によってはなかなか高額の謝儀ではないか。ちなみに当時の通貨の形態は、

一両＝四分　　一分＝四朱

の四進法で、幕末の当時一両の値打ちは、ほぼ米一俵と考えていいだろう。

ただし現在は米一俵は四斗だが、当時の尾張地区の米一俵は五斗、三河地区は四斗である。(『地方凡例録』「諸国俵入之事」より』)

米一俵がほぼ一両というのは、尾州犬山の住人で、造り酒屋の越後屋平右衛門という人が、江戸後期に残した『町人平右衛門覚書』(市橋鐸編著)という、いわば日記帖の万延元年(一八六〇)の項で

「五月中旬の相場　米両に四斗一升位」

とあることから、五月中旬といえば米の端境期であり通常より高いとみて、幕末の米価はほぼ一俵(五斗、七五kg)一両と考えてよいのではないか(明治に年号が変わったのは、この記録の八年後の一八六八年)。

また前記の名古屋市米野尋常高等学校の金納・物納(米・麦)を併記した記録でも、それに近い

表

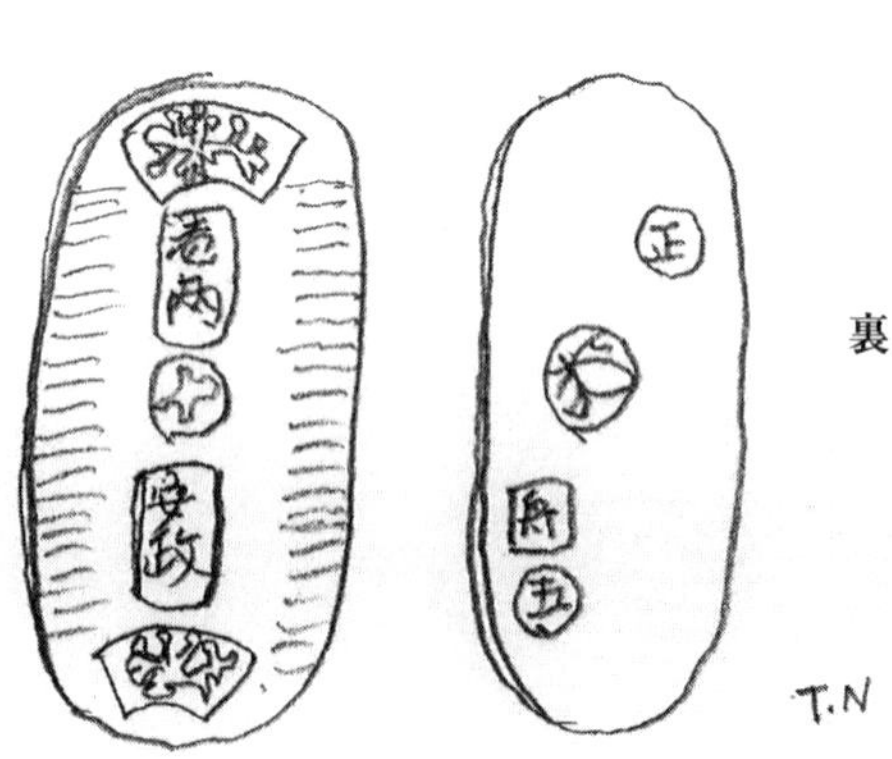

裏

一両小判(安政)

値が示唆されている。

ただし『愛知県知多郡横須賀町史』によれば、

「文化文政――一八〇〇年代の初め――のころには一両で米が八、九斗（二俵弱）買えた……」

とあるように幕末にかけて米価は急騰していることが分かる。

前述の『町人平右衛門覚書』の、前記よりすこし遡った天保七年（一八三六）の記述でも、

「日本一統風雨にて大凶年なり。日本国中にて尾張斗（など）は中年なれど誠に古今稀なる大凶年。新米買初〆札にて五斗より四斗五升の処（＊一両で）、冬きはにては御蔵米三斗五升の大高直《ママ》、春になり二斗九升、……」

と平年ならば一両で五斗（一俵）から四斗五升買えるのだが、この年は凶作で大暴騰し、冬には一両で三斗五升しか、春になると更に高騰して二斗九升しか買えなかった、という記述である。

いずれにせよ当時の貨幣価値を推し量るのははなはだ難しいが、とりあえず幕末の愛知県では、

一両≒米一俵（ただし五斗）

を取っ掛かりにすることにして、束修・謝儀の当時の生活上のウエイト、家計に占める重さを推し量っていくことにしよう。

『江南市史』四三〇頁に文久四年（一八六四）の記述の中で「月に一両ほどの生活費が必要な時代である。……」とある。この記述では人ひとりのことか、一世帯のことか分からぬが、たぶん三～四人の世帯を指しているのであろう。

当時の一般庶民の人々の食事の様子から、力技で生活費を推し量ってみると、なんといっても食事の中心は米の御飯であり、副食（おかず）はごく質素なものであったろう。その米をどれぐらい消費したかというと、一日に一人の消費量五合と仮定して、三人家族で計算すると、

三人×五合×三〇日＝四五〇合　＝四斗五升＝当時の一俵（五斗）弱

となり、前記江南市史の記述はほぼ正しいといえる。つまり幕末期の一両は、ほぼ三人家族の食生活を、一カ月支える値と見当をつけておこう。もちろん家庭の貧富などによって違うので一概には言えないが。

ただし、ここでの一人一日の米消費量五合は、「一人扶持（扶持―俸禄を給して家臣としておくこと。またその俸禄。主として米―扶持米―を給与した。）」（岩波書店『広辞苑』）が一日米五合であることを根拠にした。

一人一日米五合は、今日からみると「そんなに食えるか」だが、当時の食生活では米はまさに主食であって、御飯中心に命をつなぐとしたらこれぐらいは必要となるのであろう。ちなみに大日本帝国陸軍の一日の主食の定量は米六合であった。もちろん敗戦の近づいた第二次大戦末期には、そうもいかなかったであろうけど。

名古屋市のケース：金納の場合の年間謝儀は平均で現在の一〇万五千円

上記のレポートの大成尋常高等小学校調査の場合は、

「上、半年二二分　中、仝　一分　下、仝上　二朱」

とあり、授業料はいくらと一律に確定したものでなく、身分や収入に応じて許容範囲がある。お金持ちは年一両、中産層は年二分、その他で年一分の謝儀―授業料である。お金持ちの場合の授業料年一両は、三人家族の一か月分の食費に相当すると見当がつく。
　これを現在の生活に当てはめるとおよそ幾らぐらいになるのかは、当時と今とでは一人当たりの国民所得や、エンゲル係数もまったく違うので野暮であるが、強引に推測を試みてみよう。
　総務省の家計調査によると、二〇〇七年の家族二人以上の家計の一カ月の食費は、およそ七万円である。これを幕末の三人家族の一カ月の食費約一両に当てはめると、大成尋常小学校調査の寺子屋の
　お金持ちの寺子の年間授業料一両は現在の七万円
　中くらいでその半分の三万五千円
　その他で一万七千五百円
ということになるであろうか。
　現在の公立高校の年間授業料等が一〇万円から一五万円くらいであることを考えると、寺子屋の謝儀は一見リーズナブルにみえる。
　しかしエンゲル係数、すなわち家計支出に占める食費の割合は、現在の二人以上の家庭で二三・〇％（二〇〇七年　総務省家計調査）に対し当時はほぼ七〇％といわれる。つまり食費の家計支出に占める重さは、当時は現在よりもはるかに大きいのだ。

そこでエンゲル係数の、当時の約七〇％と現代のそれの二三％の比率約三倍を掛けて現在の貨幣価値に近づけてみると、上記寺子屋の場合の年間授業料は、

お金持ちの寺子の授業料一両は　二一万円
中間層の二分はその半分の　一〇万五千円
その他の一分は　五万二千五百円

となる。
ちなみに私立南山大学付属小学校の年間学費は、二〇〇九年度募集要項によれば、

授業料　五〇万四千円
施設設備費　一二万円

この他　入学金二〇万円、昼食代、教材費、保護者会費などである。
どうだろう、名古屋の寺子屋の金納授業料を現代に置き換えて計算するとこうなるが、高いとみるか、安いとみるか、まあそんなもんだろうとみるか。

「幕末の一両は現代の二一万円」は寺子屋謝儀のみの尺度

このように寺子屋の謝儀に関しては、一両は現在の二一万円ということができようか。しかし「寺子屋の謝儀に関しては」とあえて言ったのは、当時と現代とでは生活様式や経済社会的周辺状況がまったく違うので、各種物品やサービスなどの一つひとつの相対価値（横並びで見た価値）はぜんぜん違うのである。したがって幕末の寺子屋の謝儀一両が、今のお金で二一万円というのは、あくまで寺子屋の謝儀にしか通用しないのであって、だから江戸時代の一両は今の二一万円と一般化はできないのである。

例えば当時のお米一俵（五斗、七五kg）は一両としたが、現在のお米一俵（六〇kg）は普通米五kgがほぼ二〇〇〇円として、

七五kg ÷五kg×二〇〇〇円＝三万円

だから当時の一両は今の三万円といえるかというと、それは言えない。お米に関しては言えるけれども、一般化はできない。

たとえば大工さんの手間賃でいうと、当時は一人一日ほぼ五〇〇文（一朱）。現在はどうだろう、二万円くらいであろうか。だから五〇〇文（一朱）＝二万円として一両を円換算してしまうと、一六朱が一両だから

一両＝一六×二万円＝三二万円

となってしまう。

正しいか？　正しくない。

つまり第二次産業の工業など未発達で、工場で働く機会などなかった当時は、労賃は今よりはるかに安く、また農業は機械化や肥料が進んでいなくて、苦労の割りに単位当たりの田圃に対する米穀収穫量が今より低かった当時の米は、相対的に貴重で高かったというわけである。

ついでに当時の一人当たりの国民所得GDPについて触れると、『経済統計で見る世界経済二〇〇〇年史』（アンガス・マディソン著　金森久雄監訳）の中で、日本の一人当たりのGDPは、

一八七〇年（明治三年）　七三七ドル

一九九八年（平成六年）　二万四一三ドル

と現代の約三〇分の一である。

ちなみに同書によれば一九九九年のバングラディシュのそれが、八三五ドルと幕末から

明治にかけての日本の状況に近い。

そうはいっても、あまり厳密にあれこれいうと話が先に進まないので、一両は今の何円かに関しては、特定の商品ではなく一般的には「ざっくり」でどう言われているか、について触れておくと、

五万円

（大石慎三郎著『江戸時代』中公新書（初刊一九七七年）一三六頁）

江戸前期から中期　一〇万円
江戸後期　八万円
幕末　五万円

（山田順子著『本当に江戸の浪人は傘張りの内職をしていたのか？』実業之日本社〔初刊二〇〇八年〕九頁）


とある。

なにせ百四十数年を隔てた時代の話なので以上の計算は乱暴に過ぎるかもしれないが、あくまで名古屋という都市部の寺子屋という前提、そして金納という前提で見てみるかぎり、授業料は世上語られるような甘いものでは決してなかったことが読み取れる。

しかし基本的に毎日、朝八時ないし九時頃から、午後二時ないし三時頃まで子供を預か

るのであるから、当然かもしれないが。

寺子屋の休みは、日・月・火・水・木などという七曜暦など、まだ使われていなかった当時は、多くの場合毎月一日と一五日、それに盆正月と五節句、農村ではこれに農繁期が加わる。

ちなみに上で例にあげた寺子屋の中位層の年間謝儀二分は、後に紹介するが名古屋の寺子屋の金納の場合の年間謝儀の平均値に一致するので、この例は特別なケースではない。

このように決して甘くない謝儀であるから、とうぜん家計が貧しく寺子屋に通えなかった子ももちろんいたであろう。

寺子屋は義務教育ではないので、通うか通わないかは経済的理由だけではなく、読み書き計算というリテラシーに対する親の考え方にも左右されたであろう。

寺子屋の就学率は地域によってまちまちであり、推計は難しいが愛知県稲沢市下津で四七・九％、中島郡東賀茂野井村（現尾西市）で六二・〇％（『愛知県教育史』第二巻）、丹羽郡宮田村で男子の場合六〇％強（『江南市史』四三〇頁）の記録がある。ただし女子の就学率は男子のそれをうんと下回る。

八〇名の生徒数ならば師匠は左団扇で生活できた

こんどは謝儀を支払う側でなくて、逆に受け取る師匠の側から前出の大成小学校レポートの寺子屋の例をみてみよう。

この寺子屋の生徒数は男子五〇名、女子三〇名の計八〇名で、師匠の年間収入を前出寺子屋の中産層の謝儀二分でならして推計すると、

二分×八〇名＝一六〇分　一六〇分＝四〇両

となりこの寺子屋の師匠は左団扇で生活できた金額であろう。

三四頁の『江南市史』の記述「月に一両ほどの生活費が必要な時代である……」が正しいとすれば、年間の生活費は約一二両で、四〇両もあれば生活していくには楽勝というわけである。

ただし前出の小学校調査の他の例でも示したように、この師匠の年間収入はすべての寺子屋に当てはまるわけではない。物納のところもあれば、ほとんど取らないところもある。

それに寺子数（生徒数）八〇名というのは名古屋市なればこその寺子数なのであって、郡部ではもっと少人数なのである。

『愛知県教育史』によれば、名古屋市の一寺子屋当たりの平均寺子数は一一二・四名、尾張全域の平均が三四・八名、三河全域のそれが二六・〇名となっている。

大成小学校の次に登場する小川小学校の例では、

「謝儀　半期ニ天保銭五枚即チ五百文　上〇（一字不明）ガ二朱位」

天保銭一枚＝約一〇〇文、天保銭五枚＝五〇〇文、五〇〇文＝約一朱なので、普通の子は半期一朱、年間で二朱。

上等の場合は半期二朱、年間で四朱。

四朱＝一分、すなわち年間で一分である。

小川小学校調査の普通の子の年間謝儀二朱は、大成小学校の中位層の年間二分（八朱）の四分の一で比較的廉い。

前出の大成小学校のケースの現在の貨幣価値換算方式を適用するならば、寺子屋の謝儀の両対円の換算率は、一両＝二一万円であり、二朱は一両の八分の一、したがって八分の二一万円、つまり二万六二五〇円である。

八分ノ一両×七万円×三倍のエンゲル計数値＝二万六二五〇円

ということになる。

また前出の旗屋尋常小学校の

「四銭（一人一カ月）二銭（二番目ノモノ）三人目ヨリハ無束修（＊謝儀の誤りであろう）」

では、突然「両・分・朱」に変わって「銭」が登場するが、これは明治四年（一八七一年）に明治政府によって「新貨条例」が出され、四進法の通貨「両・分・朱」をやめて現在の十進法の「円・銭・厘」になったためである。その際従来の両と円を名目上等価としている。つまり一両を一円としたのである。

したがって「四銭（一人一カ月）」は年間四八銭で一両の約半分、約二分ということになるであろう。この金額は大成小学校の例の中産の謝儀に一致する。

また、この寺子屋で面白いのは、兄弟割引制をとっていることだ。現在の予備校・学習塾のほとんどにこの制度はある。

尾張西部の各郡

尾張西部の資料は、名古屋市のあと（図４参照）、

丹羽郡（現在の岩倉市、江南市、犬山市のあたり）

葉栗郡（現一宮市、江南市の北部、愛知県の北西端にあたる、木曽川町など）

中島郡（現一宮市の南部、稲沢市などのあたり）

海部郡（現海部郡蟹江町、同七宝町、津島市、弥冨市、愛西市など）と続く。

丹羽郡、葉栗郡、中島郡、海部郡に入ると、現今の常識からすれば名古屋よりも金納は減り物納が増加するであろうと予想したのだが、たしかに物納

図４　昭和８年の愛知県行政区分

も増えてくるが明確な金納も名古屋を凌駕するところが多いのである。
まず丹羽郡から。名古屋の場合と同じようにピックアップしてみよう。

「五節句ニ二朱」　丹羽郡　大口第二尋常高等小学校
（五節句―正月七日（人日《じんじつ》）、三月三日（上巳《じょうし》）、五月五日（端午）、七月七日（七夕）、九月九日（重陽）―の各節句の日に二朱ずつお礼をする）

合計すると年一〇朱になる。一両＝一六朱＝二一万円で換算すると一三万一千二百円となる。高い。

「入学の時先ず赤飯を師に捧ぐ　毎半期（盆、正月）金二朱位の謝儀をなし　米麦等の初穂を呈し　期節《ママ》の蔬菜を献ず」　葉栗郡　木曽川西小学校
（入学の時、まず赤飯を束修として師匠に捧げる。毎年半年毎のお盆と正月に、お金で二朱くらいの謝儀を出し、そのほか畑で獲れた季節の野菜・青物を捧げた。）

「盆、正月二回ノ礼、一分乃至二分、外ニ小麦初穂トシテ二升」　中島郡　祖父江第五

尋常小学校

（毎年盆と正月の二回お礼をした。金額はそれぞれ一分から二分。このほかに小麦を二升収穫時に師匠に差し上げた）

これも高い。年間二分から一両だ。一両＝二一万円を当てはめると、一〇万五千円から二一万円だ。

「盆、正月、に米又は金貨にて、米ならば五升金貨なれば金弐参拾銭」海部郡　美和尋常高等小学校

（盆と正月に米またはお金でお礼をした。米ならば五升、お金なら二〇銭から三〇銭。）

それにしても「金貨」ねえ。

「盆、正月ニ謝礼トシテ当時ノ一分金一文位ヲ持参スル。日頃ハ汁ノ味トシテ大根、焼米、コーセン（麦焼粉）ヲ持参セリ」海部郡　大治尋常高等小学校

（盆、正月に謝礼として当時の一分金を一枚持参した。また日常的には味噌汁などの

汁の身として大根、また焼米（炒米）、コーセン（麦焼粉）を持参した）

懐かしや。コーセン。終戦後のひもじいときに、おやつとしてよく食べたものだ。

「盆、暮ニ師匠ニ少々ノ心付ケナリシ。例酒五合カ天保三文ナド」海部郡　戸田尋常小学校

（盆、暮に師匠に少々のお礼をした。例えば、酒五合か天保銭三枚（＊約三百文、五分の三朱）など）

そうか、お酒五合が天保銭三枚約三百文、一升なら六百文で一・二朱。前出の識者の一両＝五万円を当てはめると、お酒一升は、

一・二朱：X＝一六朱：五万円

一六X朱＝一・二×五万＝三七五〇円

お酒は結構な値段だったのだ。

「毎年ノ五節句ニ赤飯、菱餅、鏡餅等ヲ、御礼トシテ持ッテ上ガルニトドマル」　丹羽郡古知野北尋常高等小学校
（毎年の五節句に赤飯、菱餅、鏡餅等を、お礼として差し上げる程度にとどまる）

「盆、正月、白米二升。其ノ他、時々新物、到来物ナド」　丹羽郡　岩倉尋常高等小学校
（盆、正月に白米二升のお礼。その他ときどき畑でとれた新物や頂いたものなど。）

「銘酒壷」　丹羽郡　岩倉尋常高等小学校
（銘柄のよいお酒を一壷。）

おっ、さては師匠は酒飲みだな。

「五節句に心付（一般に赤飯、白米）盆、正月に心付（金二分～壱両）」　丹羽郡　羽黒尋常小学校
（五節句にお礼を持参（一般に赤飯や白米）。盆正月にはお礼として二分から一両のお

金を差し上げる。)

おっ、これは高額謝礼だ。年に一両〜二両だ。

「正月、盂蘭盆、節句等ニ餅ソノ他ノ蔬菜類、豆腐二丁、年二百文位」丹羽郡　扶桑尋常高等小学校

(正月、盆、節句などに餅、畑でとれた蔬菜類、豆腐二丁。またお金としては年二百文くらいのお礼をする。)

豆腐二丁を寺子全員が持ってきたら大変なことだな。ちなみに寺子数は五、六〇名とある。昔は豆腐は自家製だったのだな。

平方根・立方根も教えていた

「正月二日(金壱分)、三月三日(金弐朱)、五月五日(弐朱)、七月十七日(金壱分)、七月七日(金一朱)、九月九日(金弐朱)。凡ソ一ヵ年ニ一両内外(米一石位)ヲ水引ヲカケ御礼トシテ呈上各持参ス。受タル師匠ハ紙筆等ヲ「おうつり」トシテ呈上〇〇

（＊二字不明）授与ス」）丹羽郡　犬山南尋常高等小学校

（正月二日にお金を一分（四朱）、三月三日に二朱、五月五日に二朱、七月十七日に一分（四朱）、七月七日に一朱、九月九日に二朱。合計一五朱で、およそ年間で約一両（一両＝一六朱）。これは米一石（一〇斗）に値する。これを水引をかけて各自持参する。これを受けた師匠は、紙や筆などを「お返し」として寺子に与える。）

＊「おうつり」物をもらったとき、返礼として返す品。（『広辞苑』）

これは高い。さすがに寺子数は少なく、男八名女五名である。ちなみにこの寺子屋は算術も教科にあり「算盤ヲ主トス（開平開立迄）」とある。

算術が教科にある寺子屋は比較的少ない。算術があり開平、開立、相場割などをやっているところは、高額の金納謝儀のところが多い。多分高級なのだろう。エリート寺子屋といえるかも知れない。

ちなみに「開平」とは平方根であり、「開立」とは立方根のことである。

なぜ平方根、立方根がこの時代に必要であったのか。前者は土地、田地の面積測量のために、後者は農業ではもっとも重要な水の計測のために、名主、百姓代などの村役人の必携の知識ではなかったのだろうか。

開平、開立と並んで算術の科目として登場する相場割というのは、比例計算のことである。

先走るが愛知県の寺子屋で、開平、開立、相場割のいずれかがあり、あるいは「求積」などがあり、謝儀が年間二分から一両近い高額の寺子屋を列挙すると以下のようになる。

（報告した小学校名）	（謝儀）	（開平）	（開立）	（相場割）
丹羽郡　羽黒小	盆、正月二分から一両	○	○	
名古屋　白鳥小	半年百匹（一分）	求積		
名古屋　米野小	半年一分銀一個	求積（田法）		
中島郡　新神戸小	盆正月各一分	○	○	
丹羽郡　扶桑小	年一両位	○	○	
東春日井郡　小牧第一小	年一五朱（約一両）	○	○	
〃　〃　第二小	〃	○	○	
東加茂郡松平村	盆正月、節句に銭壱貫文位（二朱）	○		
知多郡　半田第二小	年二分から一両	○	○	○
〃　阿久比第四小	年五両	○	○	○

もちろんこれらのほかに謝儀は高くなくても、あるいは物納でもそれらしい算術をやっているところもある。たとえば、

海部郡　蟹江小　三節句に白米二升　相場・割田法・利息算
中元暮に二・三〇〇文と初穂　平方
丹羽郡　犬山南小　応分　〇　〇　〇
葉栗郡　浅井小　盆、正月に二朱から一分　〇　〇　〇
丹羽郡扶桑村　高尾小　盆、正月に一・二朱　〇　〇　〇
名古屋市　八熊小　盆、正月に思い思い　地割（地積）　〇
中島郡　奥小　盆、正月に一・二朱　〇

尾張西部では商品経済・貨幣経済が浸透していた

さて、個別具体の例を上げていくと際限もないが、尾張西部の各郡の謝儀を大きく次のように分類してみる。

A　具体的に金額を示しているもの（金納）。
A′　具体的に金額を示すも、物納との場合分けあり。物納＋金納も含む。
B　具体的に金額物品を示さないが、ある程度金納が推測されるもの。
　半期ごと、年二回、金銭物品一定せず、など。
C　明確な物納。
D　ナシと明言。
E　不明、記述ナシ。

このような基準で尾張西部の市郡を分類してみると、表1のようになる。
このうちA＋A′＋B、つまり金銭の多寡は別として金納度を推し量る数字を比較してみると、
丹羽郡が　　七六・四％　でトップ
二番が海部郡で　七一・九％
三番が中島郡で　六二・五％
四番が葉栗郡で　六〇・〇％
そして名古屋市が意外なことにどん尻で五三・七％である。

表１　地域別謝儀の分類（尾張西部）

	A	A'	B	C	D	E	計	A+A'+Bの合計
名古屋市	24（30％）	5（6.2）	14（17.5）	4（5）	12（15）	21（26.2）	80	43（53.7％）
丹羽郡	28（27.4％）	19（18.6）	31（30.3）	11（10.7）	9（8.8）	4（3.9）	102	78（76.4％）
葉栗郡	11（55％）	1（5）	0（0）	4（20）	2（10）	2（10）	20	12（60％）
中島郡	22（39.2％）	11（19.6）	2（3.5）	1（1.7）	4（7.1）	16（28.5）	56	35（62.5％）
海部郡	32（35.5％）	5（5.6）	26（29.2）	1（1.1）	12（13.4）	13（14.6）	89	64（71.9％）
小計	117（33.7％）	41（11.8）	73（21）	21（6）	39（11.2）	56（16.1）	347	231（66.5％）

Cの物納度では、葉栗郡（二〇・〇％）、丹羽郡（一〇・七％）、名古屋市（五・〇％）、中島郡（一・七％）、海部郡（一・一％）の順序になる。

いずれにせよこの地域、尾張西部では金納が平均六六・五％で圧倒的に多数派を占めていたことが分かる。後の話になるが尾張西部、尾張東部、三河西部、三河東部と四地区の調査が進むにつれて、この数値はどんどん下がっていくのだが、その格差も背景に商品経済の普及度や、さまざまな習俗の違いがあることが分かってくる。

さて、Dの謝儀は「『ナシ』と明言。『志』、『任意』も含む」では一五・〇％で名古屋がトップ。あと海部郡（一三・四％）、丹羽郡（八・八％）と続く。

そうか、その昔の名古屋の寺子屋の師匠は高潔な人が多かったのかな。それともお金持ちが多かったのだろうか。

金額ではやはり名古屋市が一番高い

しかし前記のA・A′。つまり金納額がはっきりしている金納のケースで、五つの郡市を比較してみると表2のようになる。A・A′の寺子屋数、筆子数の平均、年間謝儀の平均の比較である。

これでみると年間の謝儀つまり授業料は、やはり名古屋がいちばん高く八朱である。八朱といえば二分であり一両の半分である。これは前にあげた大成小学校の調査例の、中産階級の寺子の謝儀に一致する。すなわち現代感覚でいえば一〇万五千円である。

表２

	A・A′の寺子屋数	一寺子屋当たりの筆子数の平均（人）	年間謝儀の平均（朱）	一寺子屋当たりの年間平均収入（朱）
名古屋市	29	87・8	8	702・4朱（43・9両）
中島郡	33	40・8	6・5	265・2朱（16・5両）
海部郡	37	58・9	2・8	164・9朱（10・3両）
丹羽郡	47	47・1	3・1	146 朱（9・1両）
葉栗郡	12	54	2・7	145・8朱（9・1両）

それにしても名古屋の寺子屋の年間謝儀、授業料の平均が八朱というのは、払う側からしてみれば当時としては、そんなに軽いものではなかったであろう。

二番が中島郡の六・五朱、そのあと丹羽郡三・一朱、海部郡二・八朱、葉栗郡二・七朱と続き、五つの郡市の平均は四・七朱である。表1で見たその地域の金納度が高いことが、必ずしも謝儀が高いとは限らないということだ。

表2の寺子数の平均人数に注目してみよう。ここでも名古屋が平均人数八七・八名と他を大きく引き離している。

寺子数が多くて年間謝儀が多いということは、師匠の年間収入が多いということである。ちなみに名古屋市の寺子屋の筆子数の平均と、年間謝儀の平均を掛け合わせると、

八七・八名×八・〇朱＝七〇二・四朱

で四三・九両となる。つまり名古屋での金納の平均的な謝儀金額と、平均的な寺子数の寺子屋ならば、前出の一家三〜四人くらいの家庭の月間の必要生計費一両、つまり年間必要生計費一二両が正しければ、楽に生活できたということだ。

同じ計算、寺子数の平均×年間謝儀の平均、を他の四郡でやってみると、

二位　中島郡の二六五・二朱＝一六・五両

三位　海部郡の一六四・九朱＝一〇・三両

四位　丹羽郡が五位の葉栗郡とほとんど同じで一四六・〇朱＝九・一両、一四五・八朱である。

名古屋、中島郡をのぞくと、他の各郡の平均値では寺子屋師匠専業で、生活していくの

はなかなか大変であったのである。

しかし心配するには及ばない。『愛知県教育史』第二巻の第四章「師匠の身分」によれば、明治期で（明治五年の学制発布まで寺子屋は生きていた。明治一六年まで生き延びた寺子屋もある）僧侶八七三名、平民六一三名、医者一二八名、武士一二〇名、神官四七名となっている。このうち平民は農業など他に収入源があったのであろう。つまりほとんどの寺子屋師匠は寺子屋以外に本業を持っていたということである。

束修（入学金）

これまで謝儀を中心に記述してきたが、束修についても触れねばなるまい。要するに束修とは、入学時の師匠への挨拶の手土産のようなものである。大抵は米、赤飯、砂糖、お酒、餅、場合によっては若干の金子。また兄弟子たちへのお菓子を持参することもある。入学時に保護者が子弟を伴って持参する。

語源は『広辞苑』によれば、

「束ねた乾肉」の意。中国の古代、初めて入門するとき、手軽な贈物として持参した。

とある。この習慣が今日の日本の学校における入学金として残ったのであろう。面白いことに、日本の高校・大学のどこにでも必ず入学金はあるが、世界の大学では聞いたことがない。中国にもない。

入学金は日本の大学ではしばしば問題になる。たとえばある受験生がある私立大学の入学試験に合格して、期日までに入学金と前期授業料を納めた後に、第一志望の国立大学に合格したとする。この場合当然受験生は私立大学に納入したお金の返還を求めるのだが、事実裁判にもなったのだが、裁判の結果は「授業料は返還すべし。入学金は返還の必要はない」というのが一般的のようである。

「そもそも入学金とは何であるか」の議論はしばしば起こるのであるが、淵源が寺子屋の束修であり挨拶の手土産であるとするならば、他の大学に受かったからといって「あの時の手土産を返してください」というのは野暮であると裁判所は認定したのかも知れない。

尾張東部—小牧が元気

尾張東部とは（四三頁、図4参照）、

愛知郡　今の日進市、豊明市のあたり。

東春日井郡　今の小牧市、尾張旭市、勝川、高蔵寺、坂下など。

西春日井郡　今の西春、師勝、清洲のあたり。

知多郡　　今の東海市、大府市、知多市、半田市、常滑市、つまり知多半島と日間賀島、篠島である。

以上四郡の謝儀について、尾張西部の表1で分類した金納か物納か……の同じ分類を行ってみると次頁表3のようになる。

金納度を表すA＋A′＋Bでは、東春日井郡が七四・一％で、尾張西部のトップ丹羽郡の七六・四％に匹敵する。そのあと、知多郡（五二・三％）、愛知郡（四五・一％）、西春日井郡（三五・一％）と続く。

東春日井郡の北部の小牧、そして郡境を北に越えた丹羽郡の江南、犬山、この一帯は寺子屋が盛んで謝儀は金納が多く、しかも高い。

「入学する日各家に依って米又は菓子等を教師宅に持ちて行く。五節句等には菱餅、ちまき、ぼたもち、こわい飯（赤飯）焼米等を持ちて行く。又、五節句其他謝礼には普通入学日、正月二日等には銀一分位、三月三日には銀二朱位、五月五日には銀二朱位、中元には銀一分、七夕には銀一朱、九月九日には銀二朱位を標準として持参したものらしい。」　東春日井郡　小牧尋常小学校

表3　地域別謝儀の分類（尾張西部）

	A	A′	B	C	D	E	計	A＋A′＋Bの合計
愛知郡	2（6.4%）	1（3.2）	11（35.4）	9（29.0）	3（9.6）	5（16.1）	31	14（45.1%）
東春日井郡	31（33.3%）	19（20.4）	19（20.4）	2（2.1）	6（6.4）	16（17.2）	93	69（74.1%）
西春日井郡	5（9.2%）	10（18.5）	4（7.4）	29（53.7）	5（9.2）	1（1.8）	54	19（35.1%）
知多郡	48（20.6%）	14（6）	60（25.7）	82（35.1）	17（7.2）	12（5.1）	233	122（52.3%）
小計	86（20.9%）	44（10.7）	94（22.8）	122（29.6）	31（7.5）	34（8.2）	411	224（54.5%）

ここで記述されている謝儀は年間の合計をすると一五朱であり、あと一朱で一両である。小牧の他にも東春日井郡では、下記の二例のように高額謝儀が目立つ。

「五節句には各一朱宛、盆正月には各一分宛。其の他農家なれば季節に取れたる物持参」　東春日井郡　勝川小学校

（五節句には各節句ごとに一朱ずつ、盆と正月にはそれぞれ一分ずつ持参した。それ以外にも農家であったら季節にとれた農作物を持参した。）

この謝儀は合計すると一三朱で、三分と一朱、あと三朱で一両になる高額である。

「上下あり一句につき一朱二朱より二分まで」　東春日井郡　鷹来尋常小学校

（人によって多い少ないがあるが、五節句ごとに低い方では一・二朱から、高い方は二分（八朱）まで）

「上」で計算すると、二分×五節句＝一〇分。つまり二両半であり超高額。

このように東春日井郡では七四・一％と金納度も高いが、謝儀も高額が目立つ。しかし

尾張東部の東春日井郡以外の郡では金納度は、

知多郡　五二・三%
愛知郡　四五・一%
西春日井郡　三五・一%

と落差が大きい。

そのかわり物納度は、東春日井郡を除けば、

西春日井郡　五三・七%
知多郡　三五・一%
愛知郡　二九・〇%

と尾張西部のいずれの郡よりも高い。つまり東に進むにつれて、貨幣経済の浸透状況が遅くなるということなのだろうか。

物納の例を一、二挙げてみる。

「節句ニ師匠ノ所へ饂飩、餅、赤飯等ヲ持参ス」　西春日井郡　楠尋常高等小学校
「盆、暮ニ小麦、米、大根等ヲ持参ス」　西春日井郡　西春小学校
「一年に米五升其の他新物」　愛知郡　天白小学校）

尾張東部の四郡で特徴的なのは知多郡である。調査の結果掘り起こした寺子屋数が二三三件と尾張八郡の他と比べて圧倒的に多い。二番手の丹羽郡でやっと一〇二件である。面積も尾張地区の中では大きい。

そこで知多郡を二分してみる。

知多郡Ａ…常滑以北、常滑、半田、亀崎、東浦、大府など

知多郡Ｂ…常滑より南、いまの美浜町、南知多町、内海、豊浜、日間賀島、篠島など

とする。そして謝儀の分類表を作ってみると表４のようになる。

表４　地域別謝儀の分類（知多）

	Ａ	Ａ′	Ｂ	Ｃ	Ｄ	Ｅ	計
知多郡Ａ	47（28・1％）	9（5・3）	54（32・3）	33（19・7）	14（8・3）	10（5・9）	167
	Ａ＋Ａ′＋Ｂの合計　110（65・8％）						
知多郡Ｂ	1（1・5％）	5（7・5）	6（9・0）	49（74・2）	3（4・5）	2（3・0）	66
	12（18・1％）						

知多郡Aの金納度A＋，A＋Bは六五・七％で尾張西部の各郡の中位に位置する。やはり半田、亀崎などの醸造業の盛んな地域、常滑の窯業の盛んな地域では貨幣経済が浸透していたのであろう。

そして知多郡Bの金納度は一八・〇％と知多郡Aに比べて四七・七ポイントも低い。

一方物納は知多郡Bが七四・二％と全尾張地区郡を凌駕してトップに躍り出る。

そして記録を読み進むにつれて、知多郡には束修謝儀はもとより、教育内容などでも特徴のある寺子屋が多いことが分かってくる。

個性的な知多郡の寺子屋―鳥の口、アラビア数字、流人の師匠

「一定ノキマリナク、四季折々ノ贈物ヲナシ、金銭絶対ニ受ケズ」　知多郡　大府第四尋常小学校

頑固一徹の師匠が目に見えるようである。ただし寺子数は男子四名。

「入学の際にお菓子を持ち来り朋輩に振舞う。謝儀は野菜又は白米を随時持ち来る。苗代播種の際鳥の口を勧めしものなり」　知多郡旭村　旭北尋常高等小学校

（入学の際に「よろしく」のご挨拶として（束修）、お菓子を持参して寺子達に振舞う。師匠への謝儀は、野菜や白米を適当な時期に持参する。春に稲の苗を作るためのお米の籾の種蒔き（苗代作りの種蒔き）の時期に、師匠に「鳥の口」を持参してお召し上がりくださいと、勧めたものだ）

はてさて「鳥の口」とは何ぞや。『広辞苑』で引くと、
「苗代に播き残した種米で作った炒米。田の神に供え、人も食べる習俗がある。」
とある。多分霊験あらたかな縁起物であったのだろう。師匠の健康を気遣う寺子の気持ちが現れている。

束修謝儀の項でなく「(十五) 偉人との関係」の項目に突然出現したのだが
「林子平が、大野町北浦に寓居して海国兵談を起草しつつ寺子屋を開いたとの説がある」　知多郡大野町　大野尋高小学校

＊林子平　仙台の人。江戸中期、鎖国の当時にあって諸外国（特にロシア）による侵略の危機を

説き「海国兵談」を著わして対外軍備の必要の警鐘を鳴らしたが、幕府は「奇怪異説」として、蟄居を命ぜられる。〔『コンサイス　日本人名事典』（三省堂）〕より。

林子平が知多半島にいたなんて、本当かいな。それこそ「奇怪異説」じゃないのかい。
知多郡の他の報告にも林子平のうわさが影のように登場する。なぜだろう。
これも「東修・謝儀」ではないが、

「和尚ハ上級ノモノノミ教ヘ上級生ガ下級生ヲ教フ」　知多郡　小鈴谷第二尋常高等小学校

この寺子屋の寺子数は六〇人であるが、寺子数の多いところではこのパターンはよくみられる。この形態は、かの国際学力比較テストのPISAテストで、毎回上位を保っているフィンランドの「クンミ」という、上級生が下級生の面倒をみるシステムと同じである。
知多郡Bに入ると当然物納が目立ってくる。

「御《ママ》節句三月、五月、八月《ママ》、九月……四回　あげ一銭　米一升宛差シアゲル。

盆暮　魚、新物等ヲサシアゲル」　知多郡内海町　第一尋常高等小学校
（五節句のうち三月、五月、七月、九月の四回、謝儀として油揚げ一銭分ほどと、米を一升ずつ師匠に差し上げる。盆暮れには魚、初物などを差し上げる。）

ついに魚が出た。

「入学ノ時小豆御飯ヲ持参　筆子一同ニフルマウ。盆―ソーメン　正月―炭を祝儀トシテ持参ス」　知多郡　師崎第一尋常高等小学校
（入学のとき束修として赤飯を持参して生徒一同に振舞う。盆には素麺を、正月には炭を謝儀として持参する。）

「配流人中には教育高き者多数あり、之等の人につきて学びたり。
各生徒はその檀那寺に通学するにより　各生徒の家より厄日には米を持参する（二合乃至五合）により別に謝礼とては無し」　知多郡　篠島尋常高等小学校
（島流しにあって島にやってきた人の中には、教育程度の高い人が多数いて、これらの人について学んだ。各生徒は、自分の家が帰依している寺に通学していたのだが、

寺には常日頃各生徒の家から厄日には米を二合から五合ほど持参していたので、別に改まって謝礼というのはなかった。）

三河湾に浮かぶ篠島は、その昔流人の島として知られている。

束修謝儀の項目ではないが「（一〇）算術」の項目に、次のものがあった。

「珠算　数字　アラビア文字」知多郡河和町 河和第三尋常高等小学校

まさか、あの右から左へ書くアラビア文字ではあるまい。算用数字、アラビア数字のことであろう。それにしてもアラビア数字は、わが国では一体いつ頃から使われはじめたのだろう。深く考えさせられる記録である。

第3章

三河編　人情は物納度と比例するのか

すでに述べたように、尾張地区では東に進むにつれ金納度はダウンする。すなわち金納度を表すA＋A′＋Bは、

尾張西部　六六・五％
尾張東部　五四・五％

である。

この東進ダウン傾向は三河に入っても続く。すなわち、

三河西部　五三・八％
三河東部　二七・七％

逆に物納Cのパーセンテージは、

尾張西部　六・〇％
尾張東部　二九・六％
三河西部　一九・七％
三河東部　五三・三％

と東進アップの傾向にある。

三河西部

ちなみに三河西部とは
額田郡…岡崎市周辺、幸田町など
岡崎市
碧海郡…碧南市、安城市、刈谷市、知立市、高浜市のあたり。
幡豆郡…西尾市、一色町、幡豆町、佐久島のあたり
西加茂郡…豊田市
東加茂郡…足助町、松平町など
である。（四五頁・図４参照）
A＋A′＋Bの金納度では幡豆郡六五・九％、東加茂郡六二・五％と元気がいい。（表５）
「中元年末ノ二期に行ヒ二歩（＊二分であろう）位ノ程度　外ニ平生の出来物ヲ進物」
東加茂郡　足助尋常高等小学校

表５　地域別謝儀の分類（三河西部）

	A	A′	B	C	D	E	計	A＋A′＋Bの合計
額田郡	9（12.1%）	1（1.3）	25（33.7）	26（35.1）	2（3.6）	11（14.8）	74	35（47.2%）
岡崎市	0（0%）	2（5.5）	17（47.2）	2（5.5）	1（2.7）	14（38.8）	36	19（52.7%）
碧海郡	0（0%）	1（5.2）	1（5.2）	3（15.7）	0（0）	14（73.6）	19	2（10.5%）
幡豆郡	8（6.7%）	3（2.5）	67（56.7）	21（17.7）	1（0.8）	18（15.2）	118	78（65.9%）
西加茂郡	8（15.3%）	4（7.6）	10（19.2）	14（26.9）	10（19.2）	6（11.5）	52	12（42.1%）
東加茂郡	15（26.7%）	11（19.6）	9（16）	4（7.1）	9（16.0）	8（14.2）	56	35（62.5%）
小計	40（11.2%）	22（6.1）	129（36.3）	70（19.7）	23（6.4）	71（20.0）	355	191（53.8%）

（謝儀はお中元の時期―七月一五日と、年末の二期に行い二分くらいのもの、このほか常日頃田畑で取れたものを差し上げた）

保見のカリスマ師匠

また西加茂郡では例のエリート寺子屋が登場する。

「旧正月　旧盆会ニ家庭相応ニ　一分ヨリ三分迄ノ範囲ニテ謝儀ヲナス
三月三日　五月五日ノ節句、秋上リノ祝ヒニ農作物ヲ進呈スル」　西加茂郡　保見第一尋常高等小学校

（お正月とお盆に、各家庭の状況に応じて、一分から三分の間で謝儀をする。三月三日と五月五日のお節句と、秋の取り入れの済んだお祝いの日に農作物を師匠に差し上げる。）

この寺子屋の謝儀は年間で二分から六分であるから、少ない方で二分の一両、多い方で一両半と高い。

教えている内容を見ると、読み書きの一般的科目「名頭」「商売往来」「実語経」「論

語」などのほかにやはり算術があり、内容は、

「相場割　数名ノ者ニ開平開立」

とある。

生徒数は男八〇名、女一〇名。

西加茂郡保見村といえば当時は田舎で、これだけの生徒を集めるとは余程人気があったのであろう。寺子屋名は「蜀園大人塾」塾主は「杉山徳右衛門（琵琶翁蜀園ト号ス）」。来歴は「嘉永年中名古屋ヨリ移住セラレ医ヲ業トシ安政年中ヨリ傍ラ子弟ヲ教フ」とある。なにやらカリスマ性の強い師匠に思える。

三河地区に入ると物納も当然ふえてくる。

「盆、正月ニ　ウドン、ソウメン等ヲ贈ル位ノモノ、又青物デモ穀物デモオ初ハ贈ッタモノダ。金銭ヲ贈ルコトナシ。」　碧海郡　安城第二尋常小学校
（謝儀はお盆とお正月に、饂飩、素麺を贈る程度のもの、また野菜でも穀物でも、季節の最初に採れたものは（初物）は師匠に差し上げたものだ。）

「盆正月にて物品にて（綿、麦等）贈る」　西加茂郡　挙母第三小学校
「正月と盆に足袋一足に金二十銭位を送るを最高とす。盆には饂飩又はソーメンを一包位送るものあり。祝事ある時は重箱一つづつ」　西加茂郡　小原第二尋常高等小学校
（正月と盆に、足袋一足に金二十銭（一分弱）くらいをつけて、贈るのが最高であった。盆には饂飩または素麺を、ひと包みくらい贈るものもあった。自宅で祝い事のあるときは（＊赤飯などを）重箱に入れて贈った。）

それにしても足袋とはねえ。暖かいですね。

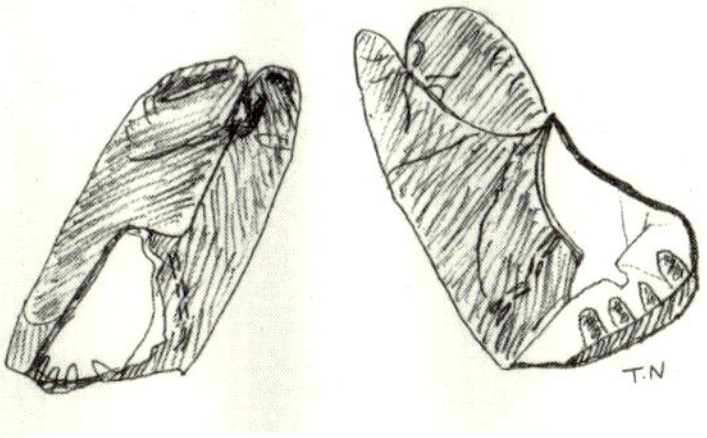

三河東部

物納の比重は三河東部に入るとますます強まる（表6）。
三河東部とは、
豊橋市

渥美郡…渥美半島全体、田原市。

宝飯郡…蒲郡、豊川、など。

北設楽郡…設楽町、東栄町、豊根村。

南設楽郡…現新城市、鳳来寺。

八名郡……現存しないが現新城市の東部地区、豊橋市の北に静岡県との県境に沿って北東に長く延びていた郡である。


表6に見られるように、A＋A′＋Bの金納度は尾張東部・西部、三河東部・西部の四群中この三河東部が最も低く、一方物納度は最も高い。

	A	A′	B	C	D	E	計
豊橋市	2（13・3％）	3（20）	2（13・3）	4（26・6）	1（6・6）	3（20）	15
	A＋A′＋Bの合計 7（46・6％）						
渥美郡	11（14・8％）	12（16・2）	11（14・8）	31（41・4）	8（10・8）	1（1・3）	74
	34（45・9％）						
豊橋市2	12（25％）	5（10・4）	11（22・9）	12（25）	4（8・3）	4（8・3）	48
	28（58・3％）						

表6　地域別謝儀の分類（三河東部）

渥美郡2	1（2.4%）	10（23.3）	2（4.8）	23（56）	5（12.1）	0（0）	41	13（31.7%）
宝飯郡	4（5.4%）	1（1.3）	13（17.8）	38（52）	7（9.5）	10（13.6）	73	18（24.6%）
北設楽郡	3（7.5%）	0（0）	8（20.5）	16（41）	3（7.5）	9（23）	39	11（28.2%）
南設楽郡	0（0%）	2（9.0）	4（18.0）	16（72）	0（0）	0（0）	22	6（27.2%）
八名郡	0（0%）	0（0）	0（0）	47（79.6）	7（11.8）	5（8.4）	59	0（0%）
小計	23（8%）	18（6.3）	38（13.3）	152（53.3）	26（9.1）	28（9.8）	285	A+A′+Bの合計 79（27.7%）

（豊橋市2とは、渥美郡のうち現豊橋市内の寺子屋分を豊橋市に加えたもの。）
（渥美郡2とは、渥美郡のうち現豊橋市内の寺子屋分を除いたもの。）

渥美郡の油揚げ

「年末・中元、米一升づつ（節句ごとに揚七切）旧正月には塾主に招待さる。甘酒にて」田原西部尋常小学校
（年末と中元に米一升ずつ謝儀として贈る。（節句ごとに油揚げを七切れ贈る）旧正月には師匠に招待される。甘酒で。）

この渥美郡では謝儀として油揚げがしばしば登場する。

「盆・正月、秋十七夜、神送リニ餅ヲ師家ニ贈ル」渥美郡牟呂吉田村　牟呂尋高小学校
（盆、正月、秋の十七夜〔陰暦八月十七日、立待月の夜『広辞苑』〕神送り〔旧暦九月末日から十月一日にかけての夜、諸国の神々が出雲大社へ旅立つのを送る神事『広辞苑』〕に餅を師匠の家に贈る。）

いやはや昔はいろいろな記念日があったのだ。

「五節句、盆正月位には米一升位を出し、珍しき物あれば之を寺（＊この場合、寺子屋はまさに寺であったのだ）へ持って行く程度にて金銭を出すことはなし」渥美郡田原町中部尋常高等小学校（＊傍線は筆者）

物納地帯ではこのレポートにあるように「珍しきものあれば師匠に差し上げる……」が頻出する。これは農作物は採れる時期がどこの家でも同じで、同じ野菜をどっと持ってこられると師匠も閉口してしまうことを暗示させる。貰い物など「珍しき物」の背景には、寺子やその保護者のこのような心遣いがあるようだ。

「節句に豆腐・油揚を贈るのみ」渥美郡福江町　福江小学校

また油揚げだ。

「盆ニ素麺、正月にお酒か煙草」渥美郡　田原南部小学校

幸せな師匠。

「盆正月ニ御礼トシテ幾分「十朱程」包ミ持参スル位」渥美郡牟呂吉田村　牟呂尋高小学校

（盆正月には御礼として何がしかの「そうですね十朱程でしょうか」包んで持参する程度）

渥美郡では数少ない金納が登場した。「十朱程包み持参するくらい」と謙遜、過小評価の表現だが、なかなかどうして年間で二十朱といえば一両一分である。

師弟の情誼の深きことよ

「寺入りのとき、酒一升、こわ飯をもって行った、ところあり。又節句などかしわもち、もちなどを持って行く。年末年始家にて製したる紙、反物、その他金品を持って行く。等なれども師弟の情誼の極めて濃厚なることは大書すべきことなり。今も尚、師匠の忌日に墓参りをなし、筆子相計りて師の碑を建つるが如き親しく見る所にして、明治二七年原中寺住職加藤魯岳師の墓碑を設けたるは即ち、筆子一同の企てなりとす」渥美郡二川東部　尋常高等小学校

（入学のとき、酒一升、赤飯をもって行った場合もある。また節句などには柏餅、餅などを持って行く。年末年始には家で製造した紙、布、そのほかお金や品物を持って行く。そうはいっても師弟の間のよしみは、極めて濃厚であったことは忘れてはならない。今でも師匠の命日に墓参りをし、寺子一同（同窓会）で相談して師匠の記念碑を建てるなどということは、当たり前にあることで、明治二七年に原中寺の住職加藤魯岳先生の墓碑を作ったのは、寺子一同の企画であったという。――と聞き取りした老人は言っていた）

寺子屋の師弟のよしみの深さについての記述は、各地方の物納率に比例して増えてくる。つまり商品経済の未発達であることと、師弟の情誼の深さは明らかに比例しているのだ。この報告書に出てくる「筆子相計りて師の碑を建つる」のその碑のことを筆子塚という。

それにしてもこの報告書の項目（二）の「沿革：維新後の状況」によれば「明治六年九月始めて……原中寺に学校を設け二川村義校分教場と称するまで継続す（つまりこの寺子屋は明治六年に廃止されたということだ）」とある。つまり明治二七年に師匠の筆子塚を作るまでに、この寺子屋がなくなってから二十年有余の歳月を経ているのだ。筆子塚を建立した動機は師匠の死かも知れないが、それにしても筆子一同と師匠の情誼の極めて濃厚であることが読み取れる。
三河東部では、三河山間部に入るとさらにこの傾向は顕著になる。

南設楽郡――勤労奉仕

「盆、正月ニ物品ニテナシ、又父兄ガ師匠宅へ仕事手伝ヒニ行ク」南設楽郡長篠村富栄小学校
(謝儀は盆、正月に物品をもって行い、そのほかにも保護者が師匠の家へ仕事の手伝いに行く)

なんと勤労奉仕ではないか。この場合の仕事とはなんだろう。たぶん師匠も田畑を持っていて、日中は寺子屋で忙しくて手が回らず、見かねて親たちが手伝いに行ったのであろうか。

「束修ハ酒一升、或ハ赤飯一重手拭等ノ類ヲ用ヰ　年末ニ至リ半紙或ハ米一升ヲ添フ。塾主ハ年始ニ書初ヲ行イテ筆子ニ馳走シタリ」南設楽郡千郷村　千郷尋常高等小学校
(束修としては酒一升、あるいは赤飯を重箱一個、手拭などの物を用い、年末が来る

した）

と半紙或いは米一升を加えた。師匠は年始に書き初め会を行い、その際生徒にご馳走

この寺子屋の寺子数は三〇名なので、ご馳走するのは大変であったと想像される。

「珍ラシキ物アリタル時持参スル程度」南設楽郡鳳来寺村　門谷尋常小学校

もちろん三河東部といえども、金納がまったくないわけではない。

「歳暮トシテ百匹（今ノ金弐拾五銭）ヲ贈る他盆ニ素麺　正月ニ餅ヲ贈ル」南設楽郡鳳来寺村　愛郷尋常高等小学校

（お歳暮として百匹（今の——昭和六年当時の二五銭）を贈るほか、盆に素麺を正月に餅を贈る）

百匹とは一分、つまり一両の四分の一で、この地方にしては大金であったろう。ちなみに寺子数は男子四名。

「簡単のものにして盆正月に主として物品を送る程度」南設楽郡新城町　新城小学校

このレポートの寺子数は男子一四〇名、女子八〇名と一つ前のレポートに比べて断然多い。新城が南設楽郡の中心地であったことを物語っているのであろうか。

北設楽郡―「珍ラシキ物」について考える

いよいよ三河山間部の深奥に入る。ほとんど物納である。

「頼ミニ上ル時カ盆、正月ニぼた餅ヲ持ッテ行ッタ位」北設楽郡御殿村　月小学校
(入学をお願いに行った時か、盆正月に牡丹餅を持って行った程度)

「盆正月、金銭或ハ物品ニテ謝礼、或ハ珍シキ物ノ出来タ時トカ他カラ珍ラシ物ヲモラヒシ時ハ先ズ師匠ニオクル」北設楽郡御殿村　中設楽小学校

珍しき物はまず師匠のところへ。今の学校の先生とは大違いだ。

それにしても「珍しきもの」ねえ。そういえば六〇年ほど昔の戦後期には、珍しい物をよその家にあげたり、またもらったりしたものだった。食べるものや、着るものや、成長した子供のお古や、田舎から送ってきた柿や干し芋や。今は欲しいものはほとんど手に入るし、珍しいものなどはなくなってしまったのか。富むということは、珍しいものを人々の周辺から奪い取ってしまうことかも知れない。

貧しくて珍しいものがある時代は、珍しい物にわくわくしたし、人にあげたらきっと喜ばれるだろうと想像もできたし、人間同士も物の贈り貰いを通じて関係が近かったのだろうな。

もっとも今の時代は、下手に物を人にあげると、相手にお返しの心配をさせる煩わしさを、与えてしまうのではないかという遠慮もあるのだろうが。

たぶんこの時代にも物のやり取りを通じて、見方によっては人間関係に煩わしいものもあったかも知れない。

「薩摩芋等ヲ謝礼品トセリトカ」北設楽郡三輪村　川井尋常高等小学校

「盆、正月ノ礼　銭としては普通一年二百文位」北設楽郡本郷町　本郷尋常高等小学

校

北設楽郡の数少ない金納の例である。二百文は一朱の二分の一弱。

「束修謝儀トシテ串柿又ハ手拭ヲ用フル位トス」北設楽郡富山村　富山尋常高等小学校

「束修謝儀ヲ納メズ。各生徒ノ家ニテ正月、盆、節季ニ進物ヲナス。尚ホ珍シキモノアレバ師匠ニ贈ル」北設楽郡名倉村　川向尋常小学校

また珍しきものだ。

「別ニ謝儀トシテ贈ラズ。盆正月ニ僅少ナル物品ト五節句ニ餅・柏餅ヲ贈ル。又師ノ農事ノ都合ニヨリ学問セズ師ノ仕事ニ手伝ヒタリ」北設楽郡稲橋村　大野瀬小学校

これも勤労奉仕だが保護者のそれではなく生徒の勤労奉仕だ。これもよかろう。農村ゆ

え、農作業は生徒も得意で、屋外に解放されて気晴らしになったろう。
なお、レポート項目（六）「課業時間」の課業日のところで

「農繁期を除いた時期」北設楽郡段嶺村　三都橋小学校
「十一月から翌三月」北設楽郡下津具村　下津具尋常高等小学校

の記述がある。やはりこの地方では子供も生産の一翼を担っていたことが察せられる。

さていよいよラストバッターの八名郡の登場だ。
この郡は表6（七八頁）でも分かるように金納度は〇％で、物納度は七九・六％と尾張・三河の全二一の市、郡を通じて断然トップの栄冠に輝く。

「盆、正月ニ野菜類、月ニ麦、粟各二升づつ納メル」八名郡七郷村　七郷第二小学校

粟が初めて登場したぞ。

「田畑ヨリ取レシ物ヤ珍ラシイ物ヲ時折ニ持参ス」八名郡七郷村　七郷第四尋高小学校

ここでも「珍しい物」だ。

「東修定メ無シ、但強飯二重、内一重ハ同窓ノ者ニ頒ツ。謝儀定メナシ、但正月盆節季ニ品物ニテオクル。—藍沢ニ移住後死シタリシガ生前ニ弟子仲間ニテ名塔ヲ作リ、死後モ年忌ナドニ参会セリ」

(東修の決まりはない、但し赤飯を重箱に二箱持って行く、そのうちの一箱は先輩の生徒たちの分。

謝儀の決まりはない、但し正月やお盆、節句に品物でお礼をする。

—師匠は藍沢（＊地名）に移住した後に亡くなったが、生前に弟子仲間で筆子塚を作り（＊筆子塚—同窓生で師匠の薫陶を偲び、感謝の記念碑を作りそこに同窓生一同、筆子一同の名前を刻んだ）、師匠の死後も命日などに同窓会を行った。）

師弟の絆の深さが分かるレポートである。熱い人間関係。

ただし「名塔」という言葉は聞きなれないが、レポートの原文は読みにくくどう見ても「名塔」としか読めなかったが少々自信不足。おそらく筆子塚のことであろう。師匠の恩に感謝して筆子たちが建立した記念碑である。そこには筆子一同の名前が刻まれていることが多い。

「五節句に米一升だけ」八名郡八名村　富岡尋常高等小学校

これはさっぱりしている。

「謝儀ハ僅カナモノデ自分ノ家デ出来ルモノ等ヲ多ク持参シタ。然シ退学後モ旧恩ヲ忘レズ盆　正月　暮　節句　寒暑等勤メハ終生廃メルコトハナカッタ」八名郡八名村庭野尋常小学校

うわー、丁寧なこと。お盆、正月、歳の暮、節句、寒中暑中のお見舞いなど、死ぬまでやめることはなかったと。そうか昔の人は人との交わりを大切にして生きていたのだ。

しかし師匠も大変だったろうな。毎年筆子は増えてくるし、挨拶に機嫌よく応じなければならないし。ちなみにこの寺子屋の生徒数は一四、五人とある。

「盆正月米二升位、供餅《そなえもち》を贈る。師匠没後も弟子其の恩顧を以って相寄り葬儀其の他追善供養等をなす」八名郡賀茂村賀茂小学校

「盆、暮、正月、節句等ニ物品ヲ以テス、退学後ト雖モ之ノ習慣ハ止マナカッタ」八名郡石巻村　嵩山尋常高等小学校

本当は「教わる」ということは喜びなのだ

ここまでくると、しみじみ考えてしまうのだ。そもそも寺子屋というものは、官制ではなく民間の自然発生的なものであったのだ。つまり義務教育ではないのだ。官制の学校などない時代に、僧侶、名主、医師、神主、武士、山伏などの篤志家が、僅かのお礼で読み書き、場合によっては算数も教えてくれる。

ものを教わるということが、いかに当時わくわくしたものであったことか。その喜び感謝の念を終生師匠に抱き続ける。

同様の姿をそういえばカンボジアで目撃したではないか。ある縁から河合塾の講師たちが、ポルポト派に破壊尽くされたカンボジアの学校を作りに行き、それに同行したことがある。校舎がなく、教師も安月給なのでアルバイトをしなければならず毎日は出てこられない。そんな不備のなかで生徒たちはいかに熱心に輝いて授業を受けていたことか。

貧しければ、また不自由であればこそ教育は輝くのではないか。義務教育など当たり前であればある程、学校嫌いが深まるのではないか。藤原正彦が言っていた「貧困は最大の教育者である」と。あれは本当なんだ。

それにしても尾張西部と三河東部の対称的なことはどうか。

	尾張西部	三河東部
金納度（A＋A′＋B）	六六・五％	二七・七％
物納度（C）	六・〇％	五三・三％

繰り返しになるが、貨幣経済が浸透するほど人と人、師弟の関係は希薄になるのだろう

か。尾張西部では師弟間の関係を物語る記述はほとんどない。

貨幣経済の浸透度は農地に対する肥料の状況をみるとよく分かる。

尾張西部の中でも金納度の最も高い丹羽郡（金納度七六・四％）の『江南市史』を紐解くと、種粕・粕（油粕に同じ—菜種、大豆などの油を絞った残り粕）などの購入肥料、いわゆる金肥をふんだんに使っていることが分かる。

「畑質によって施肥と収穫の量にかなり差があることもわかる。人参を例にあげると、上畑（＊地味のよい畑）・中畑ともに一石二斗ノ肥料（油粕　金四円也）を施しながら、上畑の収穫量は五〇〇貫目、中畑は三五〇貫目と約三分の二の収穫量であった。」（『江南市史』三四一頁）

つまり余剰生産物を売って貨幣化し、それでもって肥料を購入し生産効率を上げるという資本主義的生産性原理が、ここでは好循環として働いているのだ。

それに対して、『八名郡誌』には、

「肥料は人糞尿と牛馬の厩肥・野草稚柴が主なもので干鰯・油粕・小糖・石灰など

金肥《かねごえ》を用ゐることは甚だ稀であった。今日謂ふ所の堆肥も完全には作らなんだ。厩肥を無造作に屋外に積み置き切替えなどはやらぬが常であった。只一つ良い肥料といふべきは青焼灰といふものであった。是は山野の荊棘を刈集め生のまま半焼（黒灰）にしたもので　何れの家でも沢山に作り炊事場で出来る白灰と共に貯えたものである。今も肥料小屋を灰部屋といふのは其の名残である。開闢以来数千年間同様のことを繰返した。然も地力を使い切らなんだものは肥料と云へは唯むやみに草刈と青焼とに全力を注いだ其のおかげかとも想はれる。」（『八名郡誌』大正十五年発行　一〇八七、一〇八八頁）

おお、同じ愛知県で何たる違いぞ。八名郡サイドはすべて自給肥料で、貨幣の介入する余地などないではないか。

八名郡は死んだ

よい人が必ずしもお金持ちでないように、よい人が必ずしも長命でないように、八名郡はやがて地上から消える。

愛知県編纂の『市町村沿革史』によると、八名郡は昭和七年に一部の村が豊橋市に、昭和二九年から三一年にかけて南設楽郡鳳来町、新城町、豊橋市、宝飯郡一宮町に併合されたのち昭和三一年九月三〇日消滅とある。

『新城市誌』の記載を読むと、

「大正一〇年（一九二一）三月政府案として議会に提出された郡制廃止案は、ほとんど問題なく議会を通過した。南設楽郡と八名郡では、郡制廃止の記念事業として、郡誌の編集が企画され大正一五年に刊行された。この両郡誌をはじめ、いろいろな資料を見ても、郡制の廃止をめぐっては、何の問題もなく、郡解体の仕事は、支障なく進められたようである。――中略――郡制の廃止は町村政治担当者にとって、多年の懸案であり、地方政治に何らの支障をきたすものでもなかった。」

なんだ、なんだ冷たいじゃないか。世の中には「弔意を表す」とか「哀悼の意を表す」という言葉があるじゃないか。

あっそうか。八名郡の中央部が新城町に変わり新城市になったんだ。つまり新城人は八名人なのだ。自分たちのことを哀悼するって変だものな。

町村合併などみていると、ついつい八名軍は豊橋・豊川連合軍に南部を簒奪され、北部を南設楽軍に侵略され、ついに中央部を新城軍に明け渡さざるを得なかった、などと戦国絵巻を想像してしまいがちだが、郡などというものは単なる記号なのだ。あまり感情移入してはいけない。

それにしても今の新城市周辺に、八名郡の寺子屋魂は残っているだろうか。

第4章 そもそも寺子屋とは何か

寺子屋の束修・謝儀については以上見てきた通りである。そこでここからは逆順になってしまったが「そもそも寺子屋とは何であるか」を同じ資料を解読しながら探っていこう。まあ早い話がいまの小学校の原型のようなものと考えていいだろう。学校でも江戸時代の当時、支配階級である士分─侍たちには藩校などがあり、寺子屋は農民商工業者などの子供を対象にした庶民の学校である。しかもすでに述べたように官製つまり国立公立でなく、民間の自然発生的な学校である。そしてほとんどの寺子屋が先生（師匠）は一人で、師匠兼経営者であった。

それではどんな人たちが、そんな学校を作って教えていたのか。

寺子屋師匠はどんな人──名古屋はサムライが最多

昭和六年の小学校の先生方の報告書の項目（三）の「塾主」の下の枠に「身分」という欄があるであろう（二二頁　図3参照）。これを追っていくと師匠の概略がつかめるであろう。まず表7－1「師匠の身分（名古屋市）」をご覧いただきたい。報告書の名古屋地区の身分欄を集計したものである。

名古屋といえば尾張藩名古屋城の城下町である。さすが城下町だけあって、人数で師

表 7-1 師匠の身分（名古屋市）

士族	27名	34・1%
僧侶	11名	13・9%
神仏	9名	11・3%
平民	6名	7・5%
商工業者※	5名	6・3%
専業	4名	5%
医師	3名	3・7%
漢学者	2名	2・5%
修験者	2名	2・5%
百姓	1名	1・2%
数学者	1名	1・2%
特になし（不明）	8名	10・1%
合計	79名	99・3%

※（宿屋・絵師・甲冑製造業者・素麺製造販売・町人）

匠の身分のトップは「士族」、侍である。全体の三分の一を占める。身分欄の書き込みには「尾張藩士分」「尾張藩百石家来」「浪人ナリシ由」などと書かれてある。ちょっと心配なのは浪人ならともかく、正職員の侍が寺子屋などを始めて、お咎めは受けないだろうか。いまならさしずめ国立大学の教授が、街の予備校に出講するようなものである。まあいいか。たぶん上司の許可は取ってあるのだろう。

つぎに多いのが僧侶、神主である。僧侶の場合教室になったであろう寺が現存しているケースが多い。たとえば「千種元古井　善久寺　住職」「田代町末森　桃厳寺　住職」「鍋屋上野町　長養寺　僧侶」「栄生町　菊泉寺　僧侶」など。

神社も同様である。「御器所村　八幡社　神主」「田代町末森　八幡社　神官」「千種町字元古井　高牟神社　神職」など。

四位の「平民」六名は、これは少々「身分」は何かという設問が悪かったと思う。明治に入って江戸時代の士農工商の身分制度はなくなったが、新たに華族、士族、平民の社会的身分制が登場した。若い人は驚くかもしれないが、戦前まで学校の卒業証書に「士族　加藤……」「平民　鈴木……」などと書かれていたものである。報告者の先生方のなかでそれを意識して、師匠の本職はお百姓だから平民だなどと書いたのであろう。たぶんこの平民六名は商工業者か農民の分類に入るのであろう。

五番目の商工業者五名の内訳は表の通りである。幕末にまだ甲冑製造業などが存在したとはねえ。

宿屋、絵師、素麺製造販売などは現実感がありますね。素麺製造販売の師匠は詳しく経歴が書いてあり、若い頃は果物の露天商であったが、後に大工となり更に転職して素麺製造販売業を営み繁盛する、とある。算盤が得意教科であったとも。

六番目の「専業」四名とは文字どおり寺子屋師匠一筋で「先祖伝来の寺子屋師匠」とか「代々寺子屋師匠」などの注がついている。寺子屋もすでに、家業として定着していたのであろう。

あと修験者が二名出てくるが、修験者といえば金剛杖をつき法螺を鳴らして、山野をめぐり歩いて修行するのが商売なのに、その間寺子屋はどうなってしまうのだろうと少し心配である。

したがって名古屋の寺子屋師匠は人数では侍がトップ、二番が僧侶だが、平民六名と商工業者五名を同等と考えれば一一名で僧侶とならぶ。これは岡崎、豊橋など城下町で商工業の中心地ではほぼこれに近い。しかしこれら師匠の出自は農山村ではがらっと違ってくる。

その典型として知多郡をみてみよう。

知多郡――庄屋、旧家、豪農の登場

名古屋とおなじく師匠の身分を表7－2に集計したが、僧侶が五二・一％と半分を占め、神官がそれに続く。そして三位に名古屋にはなかった庄屋、旧家、土地の名望家、豪農、素封家などが登場する。つまり信頼のおける土地の有力者たちである。

武士、僧侶、神官たちが彼らの職業的必須リテラシーである、読み書き、場合によっては計算能力が要求され、師匠を勤められるほどの然るべき学びの場を得ていたことは容易

表 7-2　師匠の身分（知多郡）

僧侶	120名	52・1％
神官（禰宜・祠官）	30名	13％
庄屋※	20名	8・6％
医師	18名	7・8％
農業（百姓）	13名	5・6％
専業（無職）	7名	3％
武士（士族）	4名	1・7％
商工業者（紺屋・葛屋）	4名	1・7％
山伏	4名	1・7％
漢学者	2名	0・8％
陰陽師	2名	0・8％
半農半漁者	1名	0・4％
平民	1名	0・4％
配流人	1名	0・4％
記なし（不明）	2名	0・8％
合計	230名	99・2％

※（戸長・旧家・土地の名望家・庄屋・豪農・素封家）

に分かる。武士は家庭や藩校などで教育を受けたのであろう。僧侶、神官たちは寺や神社に幼い頃に入り、お経や祝詞を読む必要などから読み書きを学ばされたのであろう。

しかし庄屋、旧家、土地の名望家、豪農、素封家などの農村、山村の有力者たちは寺子屋師匠として教えることができるほどの、ベーシック・リテラシーを、なんの必要があってどこで学んだのであろうか。庄屋など村を代表し、村の民政に従事した人々には、藩の支配下で代官などとの折衝の必要性から、当初から読み書きの能力は要求されたであろう。

しかしいまひとつ時代の波というも

のもあったのであろう。

江戸時代は現代のように派手な経済の浮き沈みはなかったが、それでもロングスパンでみていくと、経済はじわじわと成長している。特に江戸後期のそれは著しい。もちろん経済の中心は農業である。新田の開発や、農書にみられるように農業生産のノウハウの向上が、経済成長の背景になっている。

少しずつ余剰生産物を得ることができ、また絹を作る養蚕や、木綿をつくる綿作や、食用油をとる菜種など商品農業も盛んになって、貨幣経済、商品経済が浸透するにつれ、それぞれの地域の指導的立場にある人たち――庄屋、豪農、名望家にとって、ベーシック・リテラシーの必要性がどんどん増していったのであろう。そして師匠たちはそれをやはり寺子屋で学んだのであろう。寺子屋の萌芽はすでに室町時代にあるともいわれる。

またいまひとつ、たぶん流行でもあったのであろう。つまり字が読める、字が書ける、計算もできるげな、はカッコよさにも通じたのではないか。

したがって江戸後期、地方の有力者たちにとってベーシック・リテラシーは必須要件として定着していたのであろう。そう考えると彼らが寺子屋を開き師匠となるのはなんの不思議もない。

四位の医師はどこの地域でも一定数登場する。医師は漢方医であろうが西洋医であろうが、やはり当時もしかるべき学問を必要としたのであろう。

名古屋ではトップを占めた武士は、知多郡ではたった四名で七位である。

武士と同数の商工業者の仕事の具体が書かれてあるのは四名中二名で、紺屋―染物屋、葛屋―たぶん食品の葛を扱っていた―である。

山伏が四名も出てきた。呼称が違うだけで名古屋の修験者と同じである。


修験者「山伏（修験）は、山岳にこもって修行を積み、村にあっては村人のために加持祈祷を行ったり、神主のいない神社の神事を執行したり、村人たちの峰入り（霊峰への登山）の先達（案内）を務めたりしていた。」（渡辺尚志著『江戸時代の村人たち』、山川出版社より）

陰陽師が二名登場する。広辞苑には加持祈祷をなすもの、陰陽五行説に基づいて天文・暦数などをあつかう……などとあるが、早い話が占い師のようなものではなかったか。占い師という職業は今からつい五〇年ほど前まで、庶民からある程度の信頼をうけ、居を構えてどの地域にも存在していたものである。

はて最後の山方とは何であろうか。分からない。

いずれにせよ名古屋の武士・商工業者は例外的に多いとして、知多郡のケースが名古屋、岡崎、豊橋など昭和六年に市制の敷かれていた地区を除く、それ以外の農業に重点がおかれた郡制地区での、一般的な寺子屋師匠の職業的プロフィールである。すなわち多い順に一般化すれば僧侶、神官、医師、土地の名望家――庄屋・豪農・素封家、そして武士、山伏などである。

フィンランドの教師と寺子屋師匠に共通するもの

これまで寺子屋の師匠の身分について言及してきて、思うところがある。寺子屋の師匠たちは「専業」を除いて、みなほかに本職を持っている（どちらが本職かわからないにせよ）。このことは教育を考えるに際して、大変重要で示唆的なことであると思う。

寺子屋が成功的な教育機関であったかどうかは、軽々に結論づけるわけにはいかないが、近世に関していえば、わが国が世界一に近いと推定される識字率を普及させて、来るべき明治の近代化の（結果としての）重要な基礎を作ったこと。また寺子屋という場所が筆子塚に代表されるごとく、師弟間の人間的情誼の極めて濃い場であったこと。そして一説によれば六万に近い数の寺子屋が全国に普及していたこと。これらを考えれば並々ならぬ教育の場であったということに異論はあるまい。

そしてこの並々ならぬ教育の場を作り出した師匠たちの多くが、教室以外に本業を持ち、それを通じて社会的接点を持っていたということ。つまり社会経験、社会性を持っていたこと。このことが教育を語る上で、非常に重要で、示唆的なのではあるまいか。つまり良き教師とは社会的経験を持ち、経験を通じて得た広い視野が必須なのではないかと思うのである。

近年よい教育をしている国の例としてフィンランドが取り上げられる。ＯＥＣＤが実施するピサ・テスト——義務教育終了段階の生徒の学力の国際比較テスト——でこのところ常に上位を保っている国である。

彼の国の先生は大学の学部と二年間のマスターコースを卒業していること、つまり六年間の学びが必須要件になっているが、学んだ年数はさして重要な問題ではない。重要なのは彼らの多くが大学入学前にあるいは在学中に仕事をしたり、他の国に留学したりして社会的経験や見聞を広めていることである。したがって大学生の、入学時の平均入学年齢は二三歳である。なんと日本では通常大学入学年齢は一七・八歳であるが、二三歳といえば大学を卒業して就職している年齢である。

フィンランドの教師たちが優れているとしたらその秘密は、先生になる前に仕事や見聞を通じて身につけた社会性にあるのだと思う。寺子屋師匠たちの持っていたであろう社会性に共通するではないか。

学校の先生にはこの社会性は特に必要だと思う。日本の学校の先生の大方のケースにみられるように小学校、中学校、高等学校、大学、場合によっては大学院、これらを卒業して直ちに学校の先生になるというのは「学校尽くし」ではないか。学校で学び、学校を出て学校に就職する。一般論で言えば、そこにはシリアスな社会的経験を身に付ける余地はない。予備校の教務部長をしていた経験からいえば、予備校の「人気講師」と位置づけられる人たちは、ほとんどが予備校以前に、多かれ少なかれしたたかな社会的経験を味わっている。

社会性がなぜ教師に必要なのか

教師の素質と社会的経験（読書など知的経験も入ると思うが）がどう結びつくのかは、簡単には説明がむずかしい。だがこういうことは言えるのではないか。

つまり社会的経験や、本を読んだりして得た知的経験は、その経験をした人に幾つかの抽斗を与えるのではないか。もちろん心がけ次第で抽斗を沢山得る人もいれば、少ない人、場合によってはゼロの人もいるであろうが。

よい教育成果を上げる教師は、教室でひとつの事象を説明するのに、必ずその社会性の抽斗から「何物か」を取り出して、いま説明しようとする事象にくっつけて説明する。ただ単に理屈や、筋書きだけでない。抽斗から取り出して説明にくっつけた何物かは、理屈や筋書きに輝きを与える。大きくいえば生命を与える。現実感と分かりやすさを与えるのだ。社会的経験の抽斗から取り出した何物かは、理屈や筋書きに観念の絵空事ではなく、現実との結びつきをあたえてくれる。同時に現実との関連で理解の道程を導き、納得づくで分からせる。

社会的経験とはこんな風に教育する側にとって重要なものなのである。師匠の身分、つまり寺子屋の師匠をしながら、いまひとつの職業で社会的接点を持っていた寺子屋師匠たちの、よき教師としての隠れた秘密はこんなところにあったのではなかろうか。

寺子屋師匠は親しまれていたか

学校の先生と生徒あるいは保護者との関係、つまり人間関係は時代や制度によってずいぶん違うが、寺子屋の場合はどうであったのか。ここで本書が取り上げている、昭和六年の愛知県の小学校の先生方の調査以外の興味深い記録から、探ってみよう。

乙竹岩造著『日本庶民教育史』（上・中・下巻）。乙竹は大正四年六月から六年六月にかけて日本の寺子屋に関するアンケート調査を行い、その結果を昭和四年九月に上梓している。

アンケートの方法は乙竹が東京高等師範学校（東京教育大学を経て現筑波大学）の教授であったので、学生が夏休み等で帰省するときに頼んで行なったもの、などである。つまり昔寺子屋に通った人を探して聴いてくれと依頼したのである。

そのなかに愛知県の寺子屋の記述も三五ページに亘って割かれており、寺子屋師匠と寺子、そしてその保護者との関係、さらに寺子相互の間の関係のユニークな以下の調査結果がある。

師匠の性格（＊寺子から見て）

優秀　一〇八名
普通　四二名
下劣　〇名

無回答　　　　　　二四名

無回答を除けば『下劣』はゼロであり、「優秀」が七二%で凄い。

師匠の寺子に対する関係

特に寺子を慈愛した　　　四二名

然ざるもの　　　　　　　八名

不詳　　　　　　　　　一二四名

先生は生徒に愛情を持っていたか、という問いは回答が難しかろう。「不詳」が一二四名もいる。しかし「特に寺子を慈愛した」が四二名もいるということは、これも凄い。

寺子の師匠に対する関係（＊生徒は先生を尊敬していたか）

師匠を尊信せしもの　　　一三〇名

然ざるもの　　　　　　　一〇名

不詳　　　　　　　　　　三四名

「不詳」を除けば九二％が「師匠を尊信していた」のだからこれも凄い。

父兄がその子弟の師匠に対する関係
十分にこれを尊信した者　一〇四名
冷淡なりしもの　一八名
不詳　五二名

父兄は圧倒的に寺子屋師匠を尊敬していたのだな。

寺子相互間の関係（＊生徒同士の関係）
親切であった　一〇九名
不親切であった　一一名
無回答　五二名

無回答を除けば九〇％が（友達は）親切であったと回答しているから、いじめなどあまりなく居心地のいい教室であったことが察せられる。

上記のように寺子屋の師匠は尊敬の対象であり、寺子屋の空気も生徒にとって居場所として暖かいものであったことが想像される。

ただし割り引いてみなければならぬのは、このアンケート結果は、六〇年ほど昔に寺子屋に通っていた人たちからの聴き取りであることだ。

特にこのような心象的な事柄の記憶は、時間の経過とともに、悪しきものは風化し、良きもののみの堆積に化していくことを割り引かねばならぬであろう。

また数は少ないが「然らざるもの」「冷淡なりしもの」「不親切であった」など否定的な回答もあるのが、かえって「やっぱし」と安堵させる。どこにでも、いつの世にも馴染まぬ者はいるものである。

いずれにせよ寺子屋師匠は、おおむね信頼され、温かいまなざしを受けていたことが分かる。

学校、学習塾・予備校、寺子屋の自由度と評価

ところで今の小中学校の先生方は寺子屋師匠のように、生徒や保護者から信頼や尊敬を

受けているのだろうか。どうも世評から察するにあまり芳しくないようである。

そもそも学校は学習塾・予備校などに生徒を奪われているではないか。文部科学省の平成二〇年度の「子どもの学習費調査」によれば、学習塾に通っている子どもは、

公立小学校で　四〇・二％
私立小学校で　六六・八％
公立中学校で　七三・〇％
私立中学校で　五四・九％

となっている。なんと公立小学校で四〇・二％、公立中学校で七三％もの児童、生徒が学校以外の学習塾などに通っているのだ。ただしこの調査は年間の学習塾費を、〇円、一万円未満、五万円未満、一〇万円未満、二〇万円未満、三〇万円未満、四〇万円未満、四〇万円以上の金額帯ごとの人数パーセンテージで表している。

ちなみに一番金額の多い金額帯は、

公立小学校が一〇万円～二〇万円で　一〇・四％

私立小学校が四〇万円以上で　一八・〇%
公立中学校が一〇万円～二〇万円で　一六・八%
私立中学校が一〇万円～二〇万円で　一二・二%

となっている。

子どもたちになぜ学校があるのに塾に行くのかと聞くと、「親が行けというから」「友達も行っているから」「学校より授業が分かりやすくて面白いから」と答える。

親に同じ質問をすると「学校だけでは将来の進学を考えると不安だから」と答える。

どうも昨今の先生にとってやりにくい時代である。

なぜ塾や寺子屋の師匠に比べて、学校の先生は一般論でいうと人気がないのか。

二つのことがいえると思う。

ひとつは自由度の問題だと思う。

日本の学校の先生は数多の法律に縛られている。教育基本法があり学校教育法があり学習指導要領があり、その他もろもろの法律・規則があり、その上教育委員会が目を光らせている。

つまり何を教えるか、どう教えるか、どう振舞うかに関して先生方はがんじがらめに縛られているのだ。

これに対して塾・予備校の講師や寺子屋の師匠は、何を教えるか、どう教えるかについては公序良俗に反しない限り自由である。もちろんこれも一般論であって、最近では学習塾・予備校といえども、独自のカリキュラムを作り、独自の共通教科書を使うところも多いが。

教える側が自由であることは、実は大変大きな意味を持つのである。自由度が大きいほど、その学び舎は活気づくのである。

面白かった代用教員の授業

そのことで筆者にはある体験がある。筆者は新制中学校の二回生である。新制中学校といっても、多くの読者には分かりますまいが、昭和二〇年（一九四五）第二次大戦が終わって学校制度が変わり、現在の義務教育の小学校六年・中学校三年制が、昭和二二年にスタートした。この年の中学校入学者が、新制中学一回生である。戦前は中学校は義務教育ではなかったのである。

昭和二二年にいきなり小学校の六年に加えて、中学校の三年が新たに義務教育として付け加えられるとどうなるか。

まず校舎がない。そこで新制中学の一、二回生は小学校の校舎を午後に間借りして授業を受け、午前中は自分たちの将来の学び舎である、校舎や運動場の建設の手伝いをするのであった。

つぎに先生がいない。そこで当局は臨時教員（当時代用教員と呼ばれた）を募集して辻褄を合わせた。代用教員たちはもちろん教員免許など持っていない。海軍兵学校の生徒であったのが終戦で母校が廃校になって行き場のない人、陸軍の本物の中隊長であった人、旧制高等学校に籍があったのだが、感ずるところがあり休校している人、などなど。

なまじ教員免許など持っていないだけ、彼らの授業は自由奔放であった。彼らのほとんどが、教科の授業はやるにはやるが、授業の半分は「余談」であった。それも多くは戦争体験である。

中隊長などは、授業中にこんな戦争体験を話し出す。「突撃と叫んで、私は先頭に立って軍刀を振りかざして、敵陣に向かって走った。そしてふと振り返ると、ついてくるはずの兵隊たちが一人もいない。みんな途中で撃たれてしまったのだ。全員戦死してしまったのだ」そう語って彼は、手放しで教壇上で号泣するのである。

また熱くマルクス思想を語り、これからの日本は共産主義で行かなければいかん、と説く数学の代用教員もいた。

代用教員の教科の授業はどれも余談と二人三脚で魅きつけられ面白かった。その授業を受けていると本来の教員免許をもった、正規の先生の授業がかすんで見えた。

自由度の差であろう。

代用教員たちのその後は知らない。しかし中には教員養成課程を経て、正規の先生になった人もいるだろう。あの自由の着物を一枚一枚脱ぎ捨てて、規範法規の着物を纏っていったのだろうか。

思うに、いまの日本の初中等の先生は自由度に関しては酷過ぎるように思える。またフィンランドの例を引くが、日本の先生は授業以外の雑務が月間で八〇時間から一〇〇時間もあるのは当たり前のようになっているらしいが、彼の国では午後四時になると学校には誰もいなくなるそうだ。しかも長期休暇は夏休みが二カ月半もあり、そのほかのスキー休みなどを入れると年間授業日は一九〇日で日本より四〇日少ない。時間的な余裕のある分、外国に出かけたり教養を深めたりしているという。なかにはもちろん稀だがカフェなどの副業をしている先生もいるそうだ。それに教室に関しては一切をまかされて、外からつべこべ言われることはないという。このフィンランドの教師の持つ自由度がピサ・テストの上位である事実と関係ないわけはない。フィンランドにも日本と同じような教育に関する法規はあるが、運用の仕方がまるで違うようだ。

必要な教育の評価

こんなふうに教師の自由度は、授業と深く関っているのである。その意味で寺子屋師匠たちは痛烈な幕政批判などしないかぎり自由であり、そのことが寺子屋の授業の場としての優れた側面を支えていたのであろう。

さて、自由度のほかに学習塾・予備校の講師、寺子屋師匠と学校の先生の置かれている環境の違いが、もうひとつある。

それは評価され、その結果で選択されるか否かである。

予備校の講師は、生徒の講師の授業に対する満足度のアンケート結果や、担当する生徒の成績の伸び率などで評価され、それが講師料や授業担当コマ数に直接反映される。

そうやって授業内容の質の高さ、分かりやすいか、学習意欲を昂揚させるようなオモシロサがあるかを評価されるのである。学習塾の場合も同様である。つまり学校のように国や自治体などの公的資金がもらえるわけではなく、生徒からいただく授業料で経営を支えていかなければならないので、評判が悪く生徒が集まらなくなったらそれでお終いなのである。

つまり自分の足で立っていかなければならないから、評価に対して敏感なのである。寺子屋師匠の場合は、それを生業とするのではなく本業を持っているケースも多く、奉仕の精神でお礼を取らないところもあったので、一概にはいえないが、官からの援助はない点は予備校・学習塾と同様である。

また昭和六年の調査でも、ひとつの小学校の校下に、寺子屋が数件から十数件も発掘されているのだから、少なくともライバル意識ははたらいたであろう。同じ地域でも名古屋の場合生徒数が四名から一五〇名と開きがあるのは、生徒や保護者の評価を受けていた証であろう。江戸にいたっては相撲のような寺子屋番付表まで登場していたのである。

これら予備校・学習塾・寺子屋の講師・先生・師匠がなんらかの評価を受け選択される、言ってみれば多かれ少なかれ競争原理にさらされているのに対して、日本の学校の先生は一般論でいうと、良きにつけ悪しきにつけ評価されることは少ない。この評価のないことこそが、学校の最大の弱み、弁慶の泣きどころなのではないだろうか。

ちなみにフィンランドの教師たちは評価を受けているのであろうか。日本とは違い、彼らは教師になる以前に、教師の資質について、厳しい評価を受けている。教員養成学部の入試倍率は一〇倍であり、入試では何日もかけてチェックされ、かつ卒業要件も厳しい。

何よりも教育実習が一二週間もある。日本では四週間。

女師匠もいた

ここまでの話では寺子屋師匠はすべて男性のように思われるであろうが、必ずしもそうではない。

西加茂郡挙母町（コロモ町と読み、現・豊田市）の挙母第一尋常小学校のレポートが、挙母町大字挙母の寺子屋を二五件列挙し、師匠の名前と簡潔なプロフィールを付けている。その中の二件が女寺子屋師匠である。平岩のぶ、中野ため、の二人の寺子屋師匠である。

このうち平岩のぶには詳しい説明がある。


「平岩のぶ女は、幼にして京都の粟田清蓮院に書法を学び、のち御所長橋の局に仕えて祐筆（＊文書を書く専門家）であったが、晩年挙母に帰り習字を教えた。塾を永教堂と言い、当時書法に精熟すること其の右に出づるものなしと言はれ、寺子の数も五百人以上に及んだとの事である。」

寺子屋では何を教えたか

寺子屋で教えた教科科目については、愛知県内の寺子屋では尾張・三河を問わずほぼ共通している。前記の挙母第一尋常小学校の説明文が、教科科目について簡にして要を得た記述をしているのでそれを見ていただこう。ほぼ現代文なので助かる。

「寺子屋で教えた課目は主として読み、書き、算術であって、その中最も力を注いだのは習字であった。習字手本は伊呂波、名頭、苗字尽、国尽、消息往来、或は商売往来等であった。女子には女今川、女大学などを用いた。読書として実語教、童子教、……やや進んで四書、五教を教へ、又算術は相場割を主として其の他種々の簡易な計算法をも課した。

―中略―

女子の入門者は極めて少なく、多くは女子に学問は無用とされ、只裁縫のみで其の本分は全うされるものとせられた。」

要するにまずひらがなの読み書きを習字で習う。そして上記のいろいろな教科書を利用して漢字を覚える。

算術に関しては教えている寺子屋は半分に満たないようであり、内容も初歩的なものであったらしい。算術の教科書は塵劫記が一般的であった。

上記の教科書の内容を『広辞苑』で調べてみよう。

名頭（ながしら）

「人名に頻用される漢字を編集・列挙した教材。特に広く普及したのは、源・平・藤・橘・管のように、姓氏の頭字を列記したもの。江戸時代、寺子屋などで、読み書きの教材に用いた。」

国尽（くにづくし）

「五畿内、東海、東山道などの諸道別に国名を並べたもの。往来物の一部に組み入れられていることが多い。日本国尽。」

消息往来、商売往来

消息「動静、安否、様子」

往来「手紙のやりとり」

消息往来「消息文の慣例語句を集め示した往来物」

商売往来「往来物の一。江戸時代、商用の文字を集めた教科書」
実語教（実五経）
「勉学の勧めや日常道徳などを仏教語をまじえて説く。」
女今川
「今川状に擬し、女の訓戒となることを絵入り仮名文で記した往来物。沢田きち著。一七〇〇年（元禄一三）刊。女子の習字用として盛んに用いられた。」
女大学
「女子の修身・斉家の心得を仮名文で記した書。封建道徳で一貫し、江戸時代に女子一般の修身書として広く行われた。」
四書
「『礼記』中の大学・中庸の二編と、論語・孟子の総称。五経とともに儒学の枢要の書。」
五経
「儒教で、人の守るべき五つの主な教え。父子親あり、君臣義あり、夫婦別あり、長幼序あり、朋友信あり。」

以上は教材の一般例である。もちろん「いろは文字」の書き方は基本であった。そして名尽くし、国尽くしなどの暗誦、節をつけての暗誦も多かったようだ。寺子屋によっては教科書に頼らず、師匠の書いたお手本で学ぶところも多かった。名古屋では『名古屋まちづくし』などもみられる。（白鳥尋常小学校）

師匠には手本を書くときの特技があったという。それは平机を中にして、正座で寺子〔生徒〕と対面して教えるので、逆さ文字が書けることであった。鏡文字を得意技とする人は知っているが、逆さ文字とはねえ。（『江戸の教育力』大石学著、八二頁）

女子の寺子は少数

挙母第一尋常小学校の説明文の最後に女子の教育について「女子の入門者は極めて少なく……」と触れてあるが、確かに当時はそのとおりであった。

この昭和六年の小学校の先生方の報告書には、（四）生徒及教師の概数、として男女別に生徒数を記入する欄がある。不明、不祥もあるが、ちゃんと記入されているものを拾っていくと、名古屋の場合寺子屋一件の平均生徒数は、男子四九・六名、女子一四・六名である。女子は男子のほぼ三割である。しかも女子〇名は三三件中五件ある。

このような男女差は農村部へ行くともっと大きくなる。

渥美郡（渥美半島全般）の場合、寺子屋一件あたりの生徒数は男子二五・六名、女子は二・七名である。女子は男子のほぼ一割である。また女子がゼロ名であった寺子屋は五六件中ちょうど半分の二八件であった。

ただ渥美郡のレポートの中で、男女の生徒数記入欄の女子の欄に、

「極メテ少数デアッタ。女ハオ針ノ先生ニツイタノデアッタ」渥美郡老津村　老津小学校

という記述があり、なるほどと頷かせる。また同じく女子寺子数記入欄に、

「子供は無し、慶雲寺の婦人会は二百名位」渥美郡田原町　田原中部尋常高等小学校

という記述があり、ははぁ慶雲寺で成人女子特有の教育の場があったのかしら、とも思われる。

寺子数三〇〇名の大寺子屋も

寺子屋の生徒の年齢については、これも報告書の調査項目にあるが、だいたい七歳から一〇歳で入門し、二年から四年学ぶケースが多かったようである。もちろん中には六・七年通う者もいた。

一寺子屋あたりの生徒数はどれぐらいか。愛知県教育史によると尾張地区では、二〇名〜二九名が平均的、三河地区では一〇名〜一九名が平均的であった、とある。

ただし寺子屋によって大きな差があり、名古屋の場合恒川啓一郎経営の臨池堂（白川尋常高等小学校報告）などは、男子二五〇名・女子五〇名という大寺子屋であるが、一方でおなじ名古屋でも、諏訪手習い師匠塾（名古屋市六反尋常小学校報告）のように、男子一二名女子八名のようなこじんまりした寺子屋もある。

渥美郡でも小林小兵次塾（渥美郡高師植田尋常高等小学校報告）のように、男子二〇〇余名、女子三十余名のところもあれば、白井猪好塾（渥美郡牟呂吉田村牟呂尋高小学校報告）のように、男子毎年八名前後、女子一名といったところもある。

小学校数より多かった寺子屋数

授業時間は午前七時から午後四時までという猛烈なところもあるが、だいたい八・九時から三・四時までである。授業時間でみていくと現在の小学校とほぼ同じである。ただし昼食は弁当の場合もあるが、大方は家に帰って食事していたようだ。それほど通学距離は短かったようだ。つまりいたるところに寺子屋があったということだ。

愛知県教育史によると、寺子屋数のピークは慶応年間四年間で、その時代に確認されているものだけで尾張地区に六二九件、三河地区で八六七件、合計でなんと一四九六件である。

これは二〇一二年現在の愛知県の小学校数九八〇校をはるかに上回る数である。

授業時間に関連していえば、寺子屋はいまひとつの側面として、親からは託児所としての期待も持たれていたという論もある。

「内にいて、四文四文（*しもんしもん、こづかいのこと）がうるさいぞ、師匠へやれば、そのうちがらく

という当時の狂歌が寺子屋の本質をついているようだ。」（『祖父江町史』より）

四文とは現在の貨幣価値でいうと二五円くらいであろうか。明和五年（一七六八）から流通した四文銭が使い勝手がよくて、今とおなじく子供は「四文くれ、四文くれ」と叫んでいたのであろう。ちなみに当時団子が四個ついた串団子が一本四文であった。

手習い師匠（寺子屋師匠）のもとにやれば楽になる、という意味であろう。しかし「寺子屋の本質をついている」という『祖父江町史』の寺子屋託児所論は、言い過ぎではあるまいか。

休校日はいつ

現在の小学校の休み日は何日くらいであろうか、計算してみよう。都道府県によって違いがあるが、夏休みが四〇日、冬休みが一五日、春休みが一〇日、これらを一年三六五日から除いた三〇〇日のうちの土曜日、日曜日が四二日（土曜日は出校日のところもあるが）。これに国民の祝祭日が、お正月を除いて一三日で、なんと年間合計で一二〇日近くもあるのである。

寺子屋の時代、江戸時代には曜日の概念は日常的にはなく、日曜日などない。そもそも週間の概念が日本で一般的に用いられ始めたのは、明治六年の太陽暦の導入からであろう。もっとも中村彰彦著『軍艦「甲鉄」始末』によれば、幕府により軍艦等買い付けのため米国に派遣された勘定吟味役・小野友五郎は旅行中日記をつけているが、

「この『日記』は、まず初めに和暦による月日、第二に曜日、第参に西暦による月日、を記し、「バロー（バロメーター＝気圧計）」と「テルモ（サーモメーター＝温度計）の示す数字も書き添えた几帳面なものである。」

とある。しかし小野友五郎は数学、航海術など洋式に強い技術官僚であったので、まず例外とみてよいであろう。

脱線してしまったが休日の話であった。それならば寺子屋の休みはいつか。

これも調査項目にあるのだが、寺子屋事業協同組合などなかったであろう時代で、寺子屋によっても違うし、都市部と農村では違うようだ。

「休業日一日、十五日、五節句、盆、正月」名古屋市　大成尋常高等小学校

毎月の一日、十五日が合計年間二四日、節句が五日、盆が三日（推測）、正月が六日（推

測）で三八日である。今と比べるとハードではないか。ただし農村では、

「盆、正月、農繁期、五節句」南設楽郡作手村　高松尋常小学校

農繁期が入るのでちょっと見当がつかないが、農村では四月から十月一杯まで、農作業の繁忙期は休校というところもある。

「毎月一・六ノ日ト、元旦ヨリ七日マデ、二月二十五日天神祭、三月五月九月ノ節句各一日、七夕三日、盆四日、氏神祭三日」東春日井郡鷹来村　鷹来尋常高等小学校

ここは年間合計九三日としっかり休みを取っているではないか。

「村の遊び日」丹羽郡西成村　西成第四小学校

はて「村の遊び日」とは何ぞや。

どこで教えたか

教室はどこにあったのか。師匠が僧侶・神官の場合は、彼らの寺や神社の建物で教えたであろう。それ以外の場合は、東春日井郡篠木尋常高等小学校の報告に、寺子屋運営の具体的記述があるので、少し長いが寺子屋に関する情報が集約されているので、引用しよう。

「経営者　木村覚祥　以前数代継続経営ス。
設備　設立者の居宅、副家（＊離れか物置であろう）等ヲ学舎トシ、机、硯、其ノ他授業上入用ノ器具ハ、一切弟子ヨリ持参セシム。
経費　営者（＊経営者）ノ負担ナレドモ別ニ多額ノ費用ヲ要シタルニ非ズ。唯手習部屋料、手本ヲ書ク可キ筆墨費位ノミ。
存立　前後ヲ通算スレバ百十余年存続サレタリ　覚祥ノ代ノミニテ凡《およそ》三十ケ年間
弟子　年ニヨリテ増減アリテ一定セザルモ、其ノ数多キハ四十名、少キハ二十五名ヲ下ラズ。
其ノ内一割位ノ女子ヲ交ヘ居レリ。年齢ハ一定セザルモ、凡七歳ヨリ十五歳前後トス。

終了年数不同ナリ。長キハ七八年、少ナキは二三年位也。入学ハ旧暦二月初午に於セリ。

教授訓練　一日一回弟子ヲ教授者ノ前ニ呼ビ出シ筆法ヲ教フ。

読書ハ兄弟子ヨリ順次下級者ニ及ボスヲ以テ、教授者ハ只兄弟子ニ教フルノミ。

弟子中不都合ノ行為アル時ハ、其ノ都度厳重ニ訓戒ヲ与ヘタリ。

随分過酷ナル体罰ヲ加ヘタルナリ。」


要するに教室は師匠の自宅ということである。

教室については、碧海郡安城町安城第四尋常小学校が、見取り図を添付しているので見ておこう。（図5）

教室見取り図の説明文：今より約七十有余年前、文久二年の当時　塾生の手習場として土間の上に籾をしき其の上に荒むしろをしく、長さ三尺巾一尺二寸程の四本柱の引き出しなき机を十五脚並べ（一間に二間半ぐらい）朝の八時ごろより晩四時ごろまで読みと習字ばかりやりたり。先ず名づくし国づくし等の暗誦、ついで其の手習、はじめ師匠は一回の手ほどきにてあとは自分の仕事をなされ塾生は終日手習をなしたり。

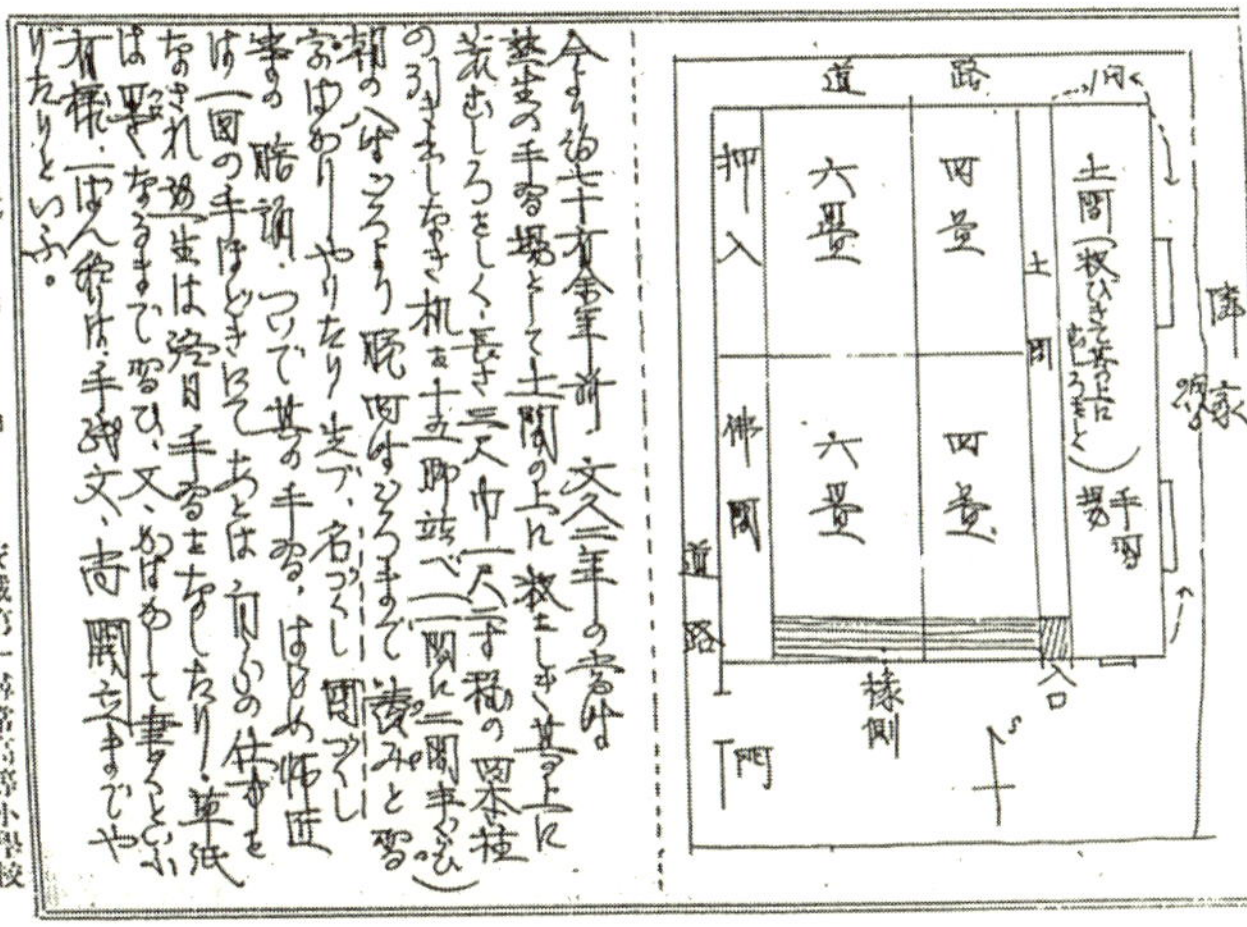

図5　寺子屋の教室見取り図

草紙は黒くなるまで習ひ、又、かわかして書くといふ有様、一ばん終りは、手紙文、尚開立までやりたりといふ。（＊「一間に二間半ぐらい」は「一間に四間」の誤りであろう）

ついでながら、前記の篠木尋常高等小学校の報告では、罰について触れている。「随分過酷ナル体罰ヲ加エタルナリ」とあるが、寺子屋によって様々だが、一般的にはそれほどひどくはなかったようだ。もうひとつ報告書中の罰の例を出そう。

「軽い罰は昼食をたべさせないでおく。

重い罰は文具を背に負いて机の上に立ち、片手に線香を持ち片手に茶碗に入れた水を持ちて、線香の燃え尽きるまでたつ」東春日井郡　小牧尋常小学校

あゝ、過酷か。

悪戯坊主はいたか——文吉暴れる

いつの時代にも問題児はいるものだ。以下は本報告書ではなく、市川寛明・石山秀和著『江戸の学び』（河出書房新社）から引用させていただく。

江戸時代に暮らす人々の様々な「学び」の姿をみてきたが、最後に現在の小学校でいう「問題児」とも呼べる事例を紹介したい。

その子は、「寺子屋師匠の項で紹介した大野雅山の門人、文吉（数えで一〇歳）である。雅山は文吉の行状を、文久三年（一八六三）の日記に詳細に書き留めている。

なお、本文は読みやすくするために一部現代文に改めた。

三月十八日　当日小刀を持って庭裏あたりに植え置きし木を切り歩き、これを取り留め候えば、悪口を吐き、或いは朋友の持ち物を切り、机の下に昼寝致し、机を重ね上に座り、少しもしたがわず、甚だ以て困り入り候。（中略）

三月二十日　当日は机場狭き所を相談致し候えども、人の机に押し付け、そのほか良助を水取桶に突転《つきころば》し、読物・手習い少しも致さず、何様《なによう》世話を致し候えども更に用いず、却って双紙に男根などを書き乱し（中略）

三月二十三日　この日も寺塚村惣次郎と喧嘩致し、その上本も読まず、悪口を言う、朋友の机の上を駆け歩き困り入り、壁をこわし、朋友に投げ付け、これを止めれば、却ってこれは我致したいからだと申し、何分用いず。

やれやれ師匠も大変だ。

道徳教育――躾《しつけ》教育

寺子屋では読み書きばかりを教えたわけではない。ほとんどの寺子屋が躾教育、道徳教育を当然のこととして重要視していたようだ。それは抽象的なものでなく、ある意味では社会教育であり、平たくいえば世渡り術、処世術でもあったようだ。

報告書に登場した具体的なものを示しておく。知多郡河和町河和第二小学校の報告書に添えられた『童子教』である。

分量が多いので意味的に似通ったものは省き、一応筆者なりの解釈をつけてみた。

安政五年（＊一八五八年）午四月　童子教訓鏡

忠義は末代出世之手本　（君主や国家に忠誠を尽くすことは子孫の出世の手本となるぞ）

親孝行は我子孫之為　（親孝行は子孫の為でもあるのだぞ）

民を憐君は日月の如し　（民を憐れむ君主は、太陽や月のように有難いものだぞ）

民を貪は嫩き葉を摘むが如し（民を貪り食う君主は、若い葉っぱを摘んでしまうよう

なものだぞ）
眞は宝の集ふところ　（うそ偽りのないところに宝は集まるぞ）
読書は能道の案内　（読書は正しく生きるための道案内だぞ）
自慢は知恵の行当り　（自慢が始まると進歩は止まるぞ）
名聞は張籠の虎の如し　（世上の聞こえなどは、張子の虎のようなものだぞ）
家業烈敷は賑の基　（家業が忙しいことは繁栄のもとだぞ）
隠徳は楽隠居の下繕ひ　（人に知れないように施す恩徳は、老後の楽隠居の下地作り）
商人は売先買先は父母の如し　（商人にとって顧客、仕入先は父母のようなもの）
無慈悲の吝んぼうは宝の番人　（憐れむ心のないけちん坊は宝の番人にすぎない）
手習は通用の目の療治　（手習いは世間一般に認められるための目を養うことだぞ）
辛棒は物毎成就の元　（辛抱は成功のもと）
短気は其身を亡す腹切刀　（短気は身を滅ぼす腹切り刀のようなものだぞ）
あきらめは心の養生　（あきらめは心の命を養うこと）
堪忍は其身長久の基　（堪忍は長生きのもと）
ねたみは其身の仇敵　（嫉妬心は大敵）
喧嘩口論は後悔の元ヰ　（喧嘩口論は後悔の元ぞ）

家内和順は福神のお祭　（家の中に揉め事がなく和気藹々としていると、福の神が喜んでやってくるぞ）
足る事を知れば福人也　（満足することを知っている人は幸せになれるぞ）
後悔は其の前方の不案内　（後悔ばかりしていると先に進めないぞ）
博打は毒と知て毒を呑如し　（博打を打つということは、毒と知って毒を呑むようなもの）
かすりとりは罪咎の掃溜　（うわまえをはねて取ることは、卑しい罪悪だ）
在の儘は正直乃看板　（ありのままでいる人は、正直な人）
小食は長いきの志るし　（少食は長生きの兆候）
大酒遊芸は末の身知らず　（大酒を飲んだり芸能におぼれる人は、末は碌なことにならない）
「上見れば　及ばぬ事の多かりき　笠きてくらせ　己が心に」（上をみればきりがない。自分の心につばの広い菅笠をかぶせて暮らせ。そうすれば上は見えない）
「我良きに　人の悪きはなきものぞ　人の悪しきは　我が悪しきなり」（自分が正しくて他人が悪いということはありえない。他人が悪いと思うことは、自分が悪いからだ）
右ハ寺子ガ平素朗誦シタルモノニテ和尚ヨリ此レニ付キ人倫ヲ説カレシモノナリ。

以上が河和第二小学校の報告書に添付された童子教の一部である。なるほど、こういう躾を受けていたのだなと感動する。

しかし上記は童子教訓鏡とあるが、本来の童子教ではない。童子教の内容は、ほぼ上記の訓鏡に近い内容だが、書き下し文で三〇〇〇字ばかりのものである。読んでいくと、ああ、ここから発信していたのか、と懐かしいセンテンスが登場する。


「人は死して名を留め、虎は死して皮を留む」

「郷に入りては郷に随い、俗に入りては俗に随う」

「貧しと雖も心に足りぬと欲すれば、是を名けて富人となす」

「夜学を好みて、蛍を集めて燈となし、……雪を積みて燈となせり」

——蛍の光、窓の雪である。などなど。


調査報告書の（十一）に「行事」の項目があるが、多くの寺子屋が七夕の楽しさを上げている。

「七夕の節句。旧暦七月七日牽牛織女ノ星祭ニ、七夕ヲ書キテ各家毎ニ祭ヲナス。一カ月前ヨリ七夕（短冊ノ模擬、紅白緑黄ノ各色ノ色紙）ニ手習ヒシテ、前日六日午後ニ青竹笹ノ葉ニ飾リ、七日ノ朝外庭ニ建て、机文庫ヲ出シテ其ノ上ニ瓜類、粟、黍ノ穂、蜀黍、蜀唐黍ノ房、角豆、菜豆、其ノ果実ヲナラベテ星ニ供ヘ、紅提灯ヲ夜トモシテ夜半星祭ヲナス。

一時（明治前）手習い師匠ノ家ニ持チヨリテ、之レヲナス風習ガ出来テ、明治ニ入リ旧弊打破ニヨリ官ヨリ廃止セラレタルモ、学校ガ出来テ明治廿年代ヨリ復活シテ、各家庭ニテ行フテ今日ニ至ル。」　丹羽郡　丹陽尋常高等小学校

楽しかった七夕祭りの様子を語る、元寺子屋通学者のご老人の温顔が見えるようではないか。

娯楽の少なかった当時、いかに七夕の祭りを待ちこがれ、早くから準備をしたことか、いかに絢爛に飾り立てたことか、が語られているではないか。それにしても明治新政府は

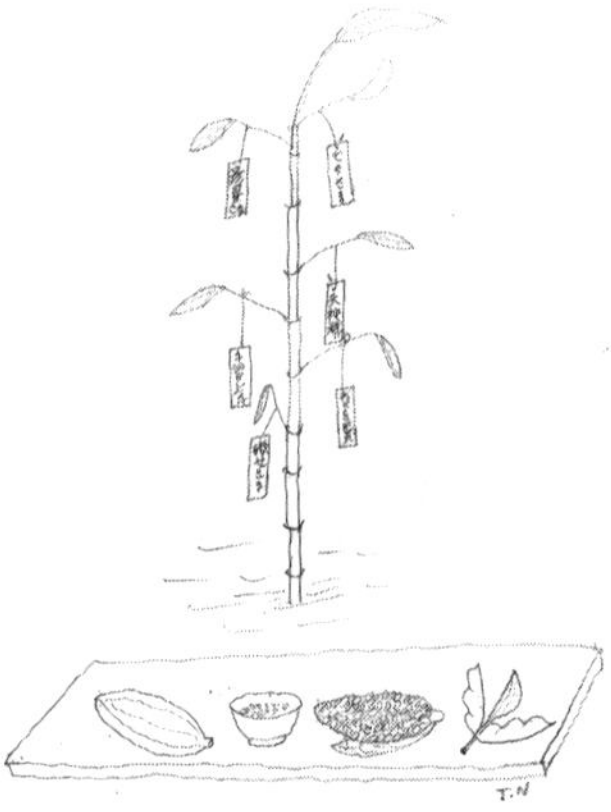

旧弊打破などと称して、野暮なことをしたものだ。革命にはこういったことはつきものなのだろう。

第5章

寺子屋はどこへ行った

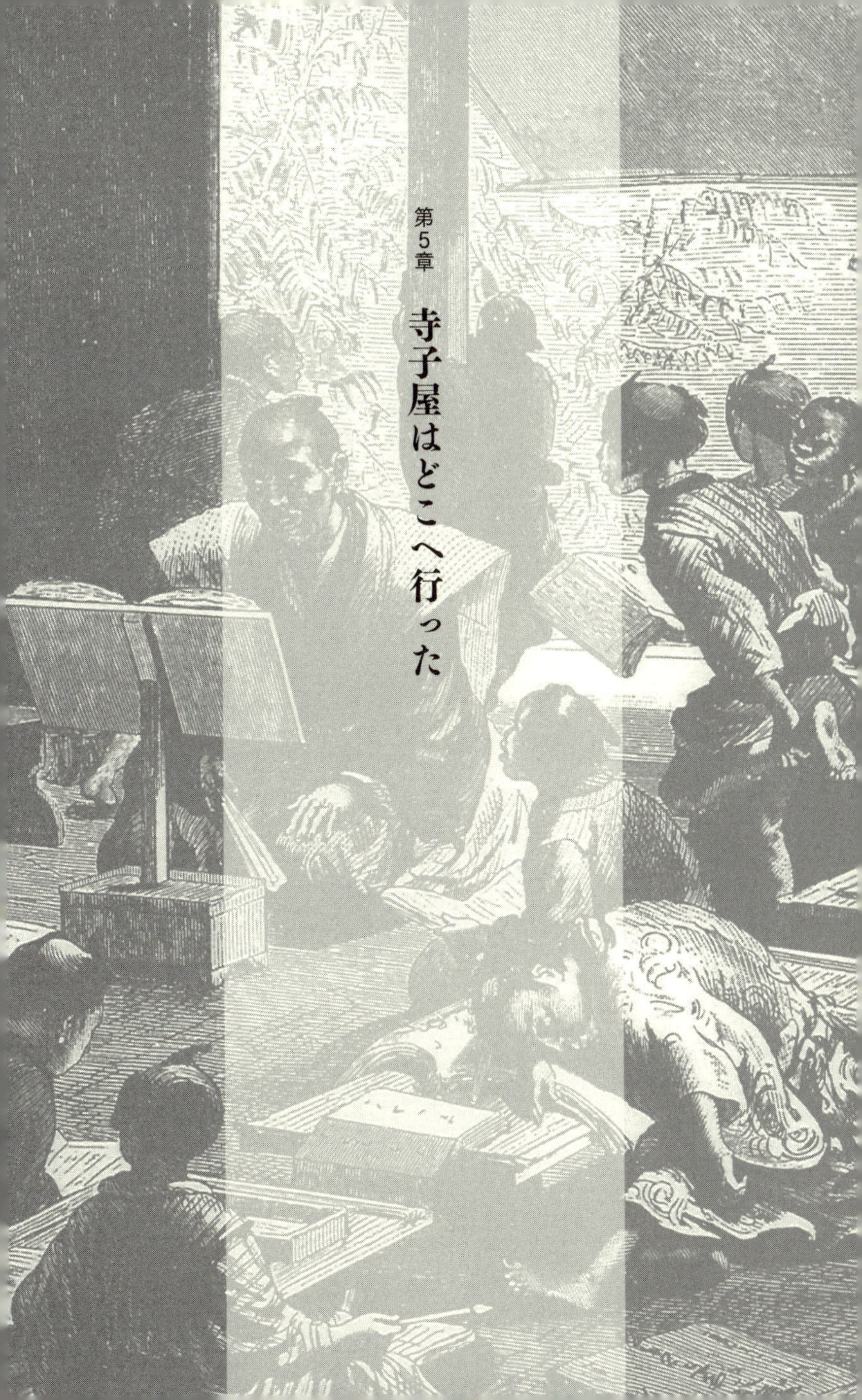

近代学制の発布

さて、時代を問わず累積すると、確認されているだけで尾張地区で延べ一八三六件、三河地区で二一四九件、合計三,九八五件もあった寺子屋はどこへ行ってしまったのか。いうまでもなく江戸時代の終焉、明治近代国家の登場、そして公的な教育制度の整備とともに消滅していったのである。

近代国民国家にとって、つまり富国強兵をめざす国家にとって、統一された公的な教育の充実は不可欠である。

廃藩置県の実施された明治四年（一八七一）七月、文部省（現・文部科学省）が設置され、新しい初等教育機関として「義校」の普及がはかられた。義校とは市民有志が協力し結社によって設立する学校で、なかば公的なものである。この義校が明治五年八月に発布された「学制」により公認され、小学校に移行していくのである。

このように近代的公的学制が普及するにつれ、民間教育機関の寺子屋は消滅の道をたどるのであるが、近代的教育機関の小学校とて一朝にして現在のようになったわけではない。

「学制」が発布された翌年、明治六年の愛知県（愛知県の誕生は明治五年一一月）の児童の就学率は男子六四・三二％、女子三〇・一二％、全体の就学率四八・四九％である。その後数年間、この合計数値は三〇％台にダウンする。明治一一年で三七・六〇％である。ダウンの理由は新しい教育制度に対する戸惑いと、寺子屋教育に対するノスタルジア、また授業料を払えないものがあったせいといわれる。明治の小学校は金納の授業料をとったのだ。

愛知県の小学校就学率は明治一八年で男女合計でやっと六五・三二％。これでも全国平均四九・六％に比べれば非常に高いといえる。愛知県のそれが九〇％台に達するのはやっと明治三四年で九〇・四五％、日露戦争の勃発する明治三七年（一九〇四）の三年前のことである。

そこで寺子屋だが、このように教育の近代化が進んでいくなかで、はたしてどんな運命をたどったのだろう。

近代化のバスに乗った寺子屋（名古屋）

昭和六年の小学校の先生方の報告書の「（二）沿革」の「維新後の状況」を、名古屋市のケースで追ってみよう。

「牧野左右蔵氏（＊名古屋市東区宮町四丁目の寺子屋師匠）宅ニ明治六年一月十五日、平子徳右衛門、日比野茂兵衛、伊藤九郎助ノ諸氏相謀リテ義校を設立、第二十三義校ト称ス。

その後度々改称シテ現今ノ八重小学校トナル」名古屋市　八重尋常高等小学校

やった、近代化のバスに乗ったのだ。

「明治六年第二十九義校ニ編入」名古屋市　高蔵小学校

熱田区尾頭町の河村左一郎師匠の河村塾。これも義校だ。

「義校ノ創立ノ際、第十三義校。コレ白川小学校ノ始メニシテ、当義校ノ主力トナルモノハ臨池堂（＊寺子屋名）ノ生徒ナリ」名古屋市　白川尋常高等小学校

おお、生徒ごと義校に変わったのだ。ちなみにこの寺子屋は、既に述べた恒川啓一郎経

営の、寺子数三〇〇名という名古屋最大の寺子屋だ。

「維新前ヨリ明治三十一年頃迄其塾ヲ保チ其ノ後東京ニ移住ス」名古屋市　共立尋常小学校

この寺子屋は習字専門の手習い塾で、習字塾や算盤塾は第二次大戦後まで学校外で繁盛していたのだ。

「明治十五年頃マデ継続シ小学校ニ通学セヌ児童又中途退学ノモノ少数ヲ集メテ教授ス」名古屋市　六反尋常小学校

やるではないか。

「明治五年学制発布ト共ニ閉鎖セラル」御器所尋常高等小学校

ああ、ある程度圧力がかかったのだ。

「明治六年二月千種町元古井に現在の千種小学校の最初のものが出来るまで継続せり」吹上尋常小学校

身を引いたのだな。

名古屋の場合、報告書の「(二) 沿革」の項の「維新後の状況」で追跡できたもののうち、学校になった寺子屋が二八件。この場合師匠も学校の先生になったケースが多い。学制発布で消滅したもの六件。寺子屋を継続したものが八件。

以上のように寺子屋そのものが師匠、寺子とともに義校に移行したものが四二件中二八件で六割を超える。

少しほっとする。また一部は寺子屋をやり続けたもの、そして身を引いたものなど様々である。

師匠たちは寺、神社、田畑に戻った（丹羽郡）

名古屋のような都市部では学校に変身したり、師匠が先生となったりする例が多いが郡部ではなかなかそうはいかない。

「明治五年学制公布セラレ、全六年義校設立開校ニヨリ廃棄トナル」丹羽郡池野村尋常高等小学校

丹羽郡ではこの例のごとく、学制発布により消滅した寺子屋が四三件。

「学制発布ト共に私塾を改め柚木学校となる」丹羽郡西成村　西成第三尋常小学校

この例のように学校になったものや、

「明治六年左ノ如キ辞令下付サル。
第三中学区内　第三十五番小学校　岩倉村　吉田資信宅（＊寺子屋師匠）
右決定候事　明治六年九月　愛知県」丹羽郡岩倉村　岩倉尋常高等小学校

つまり吉田資信という寺子屋師匠の宅をそのまま小学校にする、という愛知県の命令で

ある。このような学校への移行の例は一二件である。

寺子屋を廃業した四三件のほとんどが本業が僧侶、神官、農業であったのでそこに帰ったのであろう。

寺子屋が小学校の前身だったのだ

こうしてみていくと寺子屋は明治維新で断絶したのではなく、寺子屋が新しい日本の教育制度の礎として、はっきり関わりをもっていたといえるだろう。

個別具体的に寺子屋が義校となり小学校へ変わっていった例は前記のように多く見られるが、それよりも重要なことは「寺子屋で学ぶという習慣」があったればこそ、近代日本の義校、小学校が紆余曲折はあったとはいえ成立したのである。つまり学校の概念のない所にいきなり学校を作ってもなかなか根付かないのではないだろうか。

授業料を取った初期の小学校

明治五年の学制では小学校の教育費について受益者負担の原則をとり、愛知県では貧富による授業料の賦課を次のように九つに分類して課した。あらたに発足した新政府や地方自治体にはお金が無かったのであろう。

上等の上　一円（一カ年、以下同じ）
上等の中　七十五銭
上等の下　五十銭
中等の上　三十七銭五厘
中等の中　二十五銭
中等の下　十八銭七厘五毛
下等の上　十二銭五厘
下等の中　六銭二厘五毛
下等の下　三銭

それにしても今の常識からすると、上等、中等、下等などの表現は荒っぽいものですねえ。ただ第二次大戦終了以前は、等級をそれほど抵抗なく使っていたように思う。

たとえば汽車は三等、二等、一等に分かれていたし、兵隊の位も二等兵、一等兵、上等兵だったし。

それはともかく明治の初めの小学校の授業料の値段は、寺子屋のケースとよく似ている。寺子屋の場合金納で最高はほぼ一両であり、一両が一円であるから。

しかし現実には、就学率向上という目的の前に高額授業料の徴収は無理で、

上等　六銭二厘五毛（一カ月、以下同様）年間で　七五銭　（三分）
中等　四銭　四八銭　（約二分）
下等　二銭　二四銭　（約一分）

に落ち着いた。

この小学校の授業料は明治三三年の小学校令で、徴収しないことを原則とするまで続いたのである。前述したように、この翌年の明治三四年愛知県の小学校就学率は九〇％を超える。日本全体のそれが九〇％を越すのは、翌三五年である。

寺子屋の後、日本は国家と教育が車の両輪となって近代化に猛進していく。そして良か

れ悪しかれ「坂の上の雲」を手に入れる。その坂の登りはじめに「かつて寺子屋があった」ことを忘れてはなるまい。

第6章

昭和六年の愛知県の小学校のその後

愛知県の寺子屋の束修・謝儀の具体については以上のようである。この記述の基になった資料は、既に述べたとおり昭和六年に愛知教育会が県下の全小学校に「各校下に嘗て存在した寺子屋を調査せよ」と依頼し、それに応えて提出された報告書である。

この章ではレポートを読み、集計し、分析していく過程で気になった幾つかについて触れておく。

ひとつは、どれぐらいの小学校がこの依頼に応じたのか。そしてどれぐらいの寺子屋を発掘したのかである。

ふたつめは昭和六年（一九三一）の愛知県の小学校は、八一年を経た平成二四年（二〇一二）のいま、どのように変貌したかである。

三つめはこの調査をした小学校の地域的分類基準である、市・郡の行政区画である。双方にいかなる意味があり、その栄枯盛衰はどうであったのか、である。

調査に当たった小学校数と発掘した寺子屋数

表8をご覧いただきたい。前記レポートを集冊した『維新前寺子屋、手習師匠、郷学校、私学校の調査』の各郡・市編の扉に、所属する当時の全小学校名が記載されている。その

表8　昭和6年小学校が発掘した寺子屋数

	小学校数	回答した小学校数	発掘した寺子屋数	愛知県教育史の寺子屋数
名古屋市	94	44	88	88
丹羽郡	31	30	139	259
葉栗郡	8	8	29	75
中島郡	31	19	66	280
海部郡	41	34	102	204
西春日井郡	12	10	49	143
知多郡	59	57	231	416
愛知郡	14	14	39	127
額田郡	24	22	75	332
岡崎市	47	42	167	232
碧海郡	8	7	26	
幡豆郡	24	22	140	281
西加茂郡	30	30	90	230
東加茂郡	31	21	53	145
北設楽郡	35	25	60	101
南設楽郡	18	16	38	111
宝飯郡	29	28	115	253
渥美郡	36	33	147	351
八名郡	28	26	60	113
豊橋市	9	8	24	
計	637	522	1870	3985

小学校数が表8の「小学校数」。もちろん回答のないあるいはゼロの学校もある。回答のあった小学校の数が「回答した小学校数」である。次の「発掘した寺子屋数」は発掘し回答してきた寺子屋の数である。一番下が愛知県教育史の寺子屋数である。

当時の小学校六三七校中五二二校、つまり八一・九％の小学校が寺子屋を発掘し回答している。中には探したけれど見当たらず、回答できなかった小学校もあったであろうから、この数字は当時の小学校の真面目さを物語っているといって差し支えないのではなかろうか。

「愛知県教育史の寺子屋数」は一九七一年（昭和四六）に愛知県教育委員会が纏めた『愛知県教育史』に記載されている寺子屋数である。

『愛知県教育史』の数字は明治一六年に、ときの文部省が各県に依頼して調査したものと、そしてまさに『愛知県教育史』編纂のために昭和六年に各小学校に調査依頼したもの、つまり本稿が対象にしている調査記録、そして愛知県下の各『郡史、市町村史』などを検証して拾い上げたものの合計である。

『愛知県教育史』は昭和四七年から四八年にかけて、第一巻「古代・中世」「近世一」、第二巻「近世二」、第三巻「近代一」が刊行されている。寺子屋に関する記述は第二巻に掲載されているが、昭和六年に愛知教育会が愛知県下の全小学校に調査依頼してから、実に四十有余年の歳月を経て日の目を見ているのだ。

小学校の先生方が走り回って調査した結果は、表8の「発掘した寺子屋数」にあるとおり、現在判明している愛知県の寺子屋数三九八五件（『愛知県教育史』一四頁）の約半分の一八七〇件を発掘したのである。

ちなみに愛知県下にあった寺子屋の数は全国的にもかなり多いと推測されている。たしかに平成二四年度の県下の小学校数は九八〇校であるから、規模や仕組みは現代の小学校と寺子屋とではまったく違うものの、三九八五件というのは膨大である。しかも未発掘のものも未だあるのである。

表8で各郡市の小学校数に対する「回答した小学校数」をみてみると、優等生は西加茂郡（いまの豊田市、昔は純朴な農村地帯であった）の回答率三〇分の三〇で一〇〇％、おなじく葉栗郡の八分の八、愛知郡の一四分の一四。ワーストは名古屋市の九四分の四四で四六・八％。（どうでもいいことですが）

愛知県の小学校事情、今昔

ここで寺子屋とは若干話が飛ぶが、せっかく昭和六年の愛知県の小学校の事情が分かったついでに、当時と現在の小学校の状況にすこし足を踏み入れてみよう。

まず小学生の人数であるが、残念ながら昭和六年のそれの記録は見当たらない。そこで、人口のうちの〇歳から一四歳までのいわゆる「年少人口」、そして小学校の数を昭和六年（一九三一）と平成一九年（二〇〇七）で比較してみよう。

	昭和六年（一九三一）	平成一九年（二〇〇七）と対昭和六年倍率
愛知県の人口	二六三万五千人	七三五万一千人（二・七八倍）
年少人口〔〇歳から一四歳〕	九六万四千人	一〇七万五千人（一・一一倍）
年少人口の県人口に占める割合	三六・六％	一四・六％
小学校の数	六三七校	九九〇校（一・五五倍）

（注）昭和六年の年少人口は、記録がないため当時の全国の比率三六・七％を当時の県人口に乗じて算出した。

昭和六年と現在とでは、県人口が二・七八倍になっているにもかかわらず、年少人口は一・一一倍であることに驚かされる。いわゆる少子化の影響である。

小学校の数は一・三四倍と年少人口の増加率を上回っているが、これは少人数学級の進行が背景にあるのであろう。つまり昔は一クラス約五〇人が通り相場であったが、いまは約三〇人になっている。つまり小学校当たりの児童数は減少しているのだ。

小学校数からみる郡の滅亡と市域の拡大

小学校数を郡・市の行政区画で昭和六年と現在を比較してみると、例えば名古屋市の場合、

昭和六年　（一九三一）　九四校
平成二二年度（二〇一〇）　二六五校

と桁違いの増加である。これはなにも名古屋人が子作りに励んだためではない。名古屋市の市域が滅茶苦茶に拡大したというだけの話である。

ちなみに昭和六年と平成二〇年の名古屋市の人口と面積を比較してみると、

	（昭和六年）	（平成二〇年）	（倍率）
人口	一、一一〇、三一四人	七、三九八、三二七人	六・六倍
面積	一六〇、〇七九平方キロ	二、二五〇、六一四平方キロ	一四・〇倍

である。

同じことが豊橋市、岡崎市の小学校についても言える。

	（昭和六年）	（平成二一年）
豊橋市	九校	四三校
岡崎市	八校	三五校

豊橋市などは『豊橋市史』のなかで、

「一〇〇年間で市域面積は十三倍」、人口については一〇〇年前のほぼ一〇倍」

と誇らしげに謳っている。

つまり市域が拡大し、その分郡域が食い取られていったのである（表現がまずいが）。昭

和六年当時一八個あり、あれほど跋扈していた郡たちは、いまはわずかに
愛知郡、海部郡、北設楽郡、知多郡、丹羽郡、額田郡、西春日井郡
の七個に減り孤塁を守っているに過ぎない（平成二四年二月現在）。しかも多くの郡域は縮小している。昔のままの正しい郡域を毅然と守っているのは北設楽郡のみではないのか。
そして昭和六年時点で名古屋、岡崎、豊橋、一宮、瀬戸と五つしかなかった市が三五個に増加しているのだ。
郡であるよりも市である方が、何か得になることでもあるのだろうか。この辺は素人であるので分からない。とにかく愛知県中で郡が滅びて市が跋扈しているのだ。
昭和六年、先生方が走り回って調査し作り上げたレポートの多くに、冒頭に誇り高く、「〇〇郡△△村××尋常高等小学校」と書かれていたのに、郡の衰退とともに寺子屋も遠くなっていくようだ。

昭和六年寺子屋探しに活躍した小学校は今どうなった

昭和六年（一九三一）から約八〇年を経たいま、当時の小学校はどうなっているのか。歴史に埋もれてしまった先生方の労に報いるため、その行方を追ってみた。愛知県のすべ

てのそれを追うことは、紙幅の都合等で不可能であるので、代表として名古屋市のケースを掲載する。資料は名古屋市教育委員会からいただいた。

表8にあるように当時の名古屋の小学校九四校のうち、寺子屋発掘に成功した四四校の小学校のその後を追ってみる。

〈中区〉

(昭和六年当時の名称)	(現在の名称)
大成尋常高等小学校	名城小学校
八重尋常小学校	〃
園町 〃	〃
七町 〃	〃
久屋 〃	〃

上記寺子屋発掘成功校五校のほか菅原・明倫の二校とともに、七校が昭和二二年四月に合併し、名城小学校が誕生した。

このような合併は、中区では以下に示すようにこの時期に多数起きているが、この理由は空襲で焼け野原となったせいだろうか。

なお一五年戦争たけなわの昭和一六年四月に、すべての尋常小学校、尋常高等小学校は、「○○国民学校」と呼ばれて終戦を迎える。

中区続く。

白川尋常小学校
中ノ町尋常高等小学校 ─ 栄小学校

上記二校のほか南久屋を加えた三校の合併で栄小学校が誕生した。

小川尋常小学校 ─ 新栄小学校

小川小のほか東田小とともに新栄小学校が誕生した。

日置尋常小学校
日新尋常小学校 ─ 松原小学校

門前尋常小学校
前津尋常小学校 ─ 大須小学校

〈東区〉

古新尋常高等小学校　旭丘小学校
東白壁尋常高等小学校　東白壁小学校
棣棠《やまぶき》小学校 ┐
白壁尋常小学校 ┘─ 山吹小学校

「山吹」になってよかった、よかった。まったく「棣棠」時代は生徒も先生も、さぞかし苦労したであろうに。

葵尋常小学校　葵小学校

〈南区〉

笠寺尋常高等小学校　笠寺小学校

〈港区〉

なし

〈中川区〉
荒子尋常高等小学校　荒子小学校
愛知高等小学校　愛知小学校
八熊尋常小学校　八熊小学校
〈熱田区〉
白鳥尋常小学校　白鳥小学校
高蔵尋常小学校　高蔵小学校
旗屋尋常小学校　旗屋小学校
船方尋常小学校　船方小学校
〈瑞穂区〉
なし
〈昭和区〉
御器所尋常高等小学校　御器所小学校
吹上尋常高等小学校　吹上小学校

広路尋常高等小学校	広路小学校
〈中村区〉	
共立尋常小学校	新明小学校
則武尋常高等小学校	則武小学校
米野尋常高等小学校	米野小学校
六反尋常小学校	六反小学校
笹島尋常小学校	
常盤尋常高等小学校仮教場	岩塚小学校
〈西区〉	
榎尋常小学校	榎小学校
俵尋尋常小学校	城西小学校
栄生尋常小学校	栄生小学校

〈北区〉

清水尋常高等小学校　　清水小学校

金城尋常高等小学校　　金城小学校

杉村尋常小学校　　杉村小学校

〈千種区〉

千種尋常小学校　　千種小学校

今池尋常小学校　　内山小学校

田代尋常高等小学校　　田代小学校

上野尋常高等小学校　　上野小学校

以上が昭和六年に寺子屋発掘に成功した名古屋市内の四四の小学校の変遷である。

なお、天白区、名東区、緑区、守山区は名古屋市編入がそれぞれ、昭和三〇年、三〇年、三八・九年、三八年であるので昭和六年当時の名古屋市地域にはない。

おわりに

この本の元になっているのは、昭和六年の愛知教育会の依頼による、県下全小学校の先生方が作成した寺子屋調査報告書である。

そもそもこの調査の信憑性は如何ばかりなものか、という疑問があると思う。なにしろ昭和六年時点で年齢のいった七〇歳から九〇歳近い、元寺子屋通学経験者からの聞き取りである。

しかし報告書すべてに目を通したあと感じたのは、世上よく言われるように、お年寄りというのは近い過去よりも遠い過去、特に一〇歳前後の記憶は割合鮮明なのだなということである。特に当時寺子屋に通うことができたのは男子で人口の六〇％くらい、女子は一〇％くらいかな。学校というものがなかった当時、たぶん寺子屋に通えるという事実はある意味で誇り高く、ひょっとしてエリート意識があったかも知れない。光輝ある少年少女時代の記憶は鮮明に残っているものであろう。それに記憶にない項目では、きっぱりと

「不詳」「不明」などと記述されている。

　では小学校の先生方は真面目に取り組んでいたであろうか、面倒臭くなっていい加減に報告書をでっちあげるということは無かったであろうか。それもやはりすべてに目を通していくと「変だな」という報告書がまれに出てくることがあり、解明していくと真偽が分かる。

　たとえば東修・謝儀を追っかけていくなかで、あの金納ゼロ、すべて物納の八名郡の中で例外があった。石巻村西郷小学校の報告で「謝儀は月に三両〜十両」というのがあった。これは状況から考えてありえない話なのでボツにした。ほかの項目はしっかり書いているのに最後の方の項目「(一四)」まできて面倒になったか、あるいは両と朱の間違いか。「三朱〜十朱」なら辻褄が合うのだが。

　また額田郡　常盤尋常高等小学校の謝儀の報告が、異色の東春日井郡　小牧尋常小学校のそれとほぼ同じである。しかし近年常盤東小学校の城殿輝雄先生の著した『常盤東のむかし』によると、寺の記録では無足（無料）となっているようである。したがってこれもボツにした。

　しかしこれらの例外を除けば、五二二校の先生方は本当に真面目に取り組んでいたことが、記述を読むとよくわかる。

いずれにせよ小学校の先生方のご尽力には頭の下がる想いである。ただでさえ校務がお忙しかったであろうに。恐らく日曜日などの休日も返上しての調査であったであろう。

昭和六年といえば満州事変勃発の年であり、ここから日本の悪夢の一五年戦争の日々が始まるのである。この調査記録は大正リベラリズムの花開いた約二〇年間の最後の華のように思えてならない。

最後にこの本を書き上げるに際してご協力いただいた、河合文化教育研究所の多賀悦子氏に感謝申し上げる。

平成二四年　早春

補遺

平右衛門覚書

昔の人はこまめに日記をつけたものだ。『町人平右衛門覚書』なるものが残っている。文化三年（一八〇六）二三歳で家業の醸造元越後屋を継いだ、犬山の平右衛門の日記で、元治二年（慶応元・一八六五）八二歳でなくなるまでの、六〇年間の記録である。本文の三二頁でこの記録から一両＝お米一俵と推定しているが、それ以外にも寺子屋最盛期の、幕末の世相をよく伝え、この時代の気分をよく反映しているので、参考までに一部を抜粋する。

昭和四二年にこの日記を整理し、本に纏めて残したのは平右衛門の係累の市橋鐸氏である。

① 大雪

天保未（＊筆者注　天保四年・一八三三）十一月九日夜より十日の夜まで、一日二夜大雪。凡五尺斗（＊ばかり）。犬山の内にも家々取損じ、行倒れ所々に有。

そういえば昔は大雪が一冬に一回はあったものだ。それにしても五尺（約一五〇センチ）とは。

② 白気現る

それは平右衛門が隠居する前の年（天保一四年・一八四三）の二月上旬から三月の中旬へかけての約四十日間の出来事だった。申（＊西南西よりやや南）より酉（西）の方角にわたって数丈の布を敷いた様な白気が現れて、人心を殊のほか動揺させた。宮中よりは陰陽師に命じて占わしめさせられた。（現代文は編著者市橋氏によるもの）

③ 狸人をおどす

鵜飼町神戸弥左エ門前にて狸人をおどかす事あり。予が友鵜飼町猟師平左エ門弟久七といふ人、雨夜四ッ半頃に練屋町に遊び居て帰られけるに、白く丸き物神戸氏の前にて目前に出ければ、傘を以て不覚打ちければ、形消てなし。因て早々走り去らんとすれば、又前に三増倍の物立たり、恐ろしながら又傘にて打ちければ、又消えてなし。此時身体ぞっとしければ、内の門まで走りつき、声をあげてよばはれば、平左エ門始め皆々其所に来て見れば、何の事もなかりしと言ふ。久七は予が友にして、毎夜町内に遊びに来て、時過ぎてから帰られし故、かゝる事も有べし。

昔は狸も元気だったのだ。

④　黒船の渡来

嘉永六年（一八五三）六月二日、相州浦賀沖に黒船渡来。異国は北亜墨利加の船にて、蒸気船二艘、楼台船（＊帆船）二艘の由、願筋有之由にて沖に懸居候て日々軍馬之調練致、或は海底の浅深を探り、時々大筒を打放、専ら軍戦の調べに相見申候。願之筋は交易勝而次第に成度由、右交易ニ（ママ）付て八八丈島拝借仕度、此所に商館を立、交易弁利に致度候旨願出、右願不相叶候はゞ大軍戦指向一戦可致旨、否哉の返緘待入由にて、滞船す。右に付江戸の騒動言語に述難く、諸大名惣登城にて御評定の上、先退船可致由、返事は跡より長崎表へ申遣由にて、浦賀奉行より御談に相成、同月十二日退帆致候。右異船来寅三月又々来り候筈の由、諸国大小名及御旗本之衆俄に軍評定有之、諸国より軍勢の江府に到着致候事、一日に一万人づゝと也。犬山表よりも馬場藤左衛門様物頭に、同心衆三十人御出に相成申候。

誠に江戸に人数の集る事、前代未聞之事にて、東海、中山之両道　六月中旬より九月下旬まで、軍勢日々に引切らず、右に付雑説、奇話数多あり。

黒船の鳴動は地方の小藩まで揺さぶったのだ。

⑤　箒星現る

安政五年六月。同月八日頃より戌亥（＊北西）の方角に、夜ル（ママ）六ッ半頃に、箒星現る。夜七ッ半頃には、又艮（＊東北）の方に、箒星見る。長数丈光り凄し。九月中旬に滅消す。

長さ数丈の箒星が三カ月余も夜空を飾るなんて、見てみたいですね。

⑥　和宮様御下向

文久元年四月　公儀御嫁入の由にて街道筋御普請也。禁中より直ちに御出輿の筈にて、御供の公卿衆、大名衆多分御通行の調人数凡二万人余、道中筋大小名御物入多分、尾州様御物入十五万両斗、然処四月俄に御延引に相成、京都、関東不熟之風説。

同年十月廿日、和宮様御下向に依って中山道筋大いに騒動をなす。往古より御嫁入は度々有之と言へ共、今般は各別の御訳柄にて、禁裡より直に関東へ御出に相成候事故、道筋の御馳走並に御固等、前代未聞の事にて、下々に至る迄、十五才已上六十才迄は不残夫役に当り、宿々迄出候。町在を初め野山に至迄、御通行の道筋、前後三日之中人留に相成、中山道筋両傍八町の間人払にて、右懸りの者の外通行不相成、所々番所相立、通行の者御改に相成候。手前（＊自分）事は、鵜沼宿若竹屋半兵衛方へ参りすき見仕り候。行（ママ）粧の美麗成事言語に尽しがたし、委略は別級（ママ）に認置候（＊編者・市橋鐸氏注　別紙散逸佚）。尾張領の内は諸道具夥敷相当下用多分相懸り一同迷惑に及び候。殊に村々より人夫役に出で候者、駅々人足小屋場所無之故、田畑に相立候処、折悪敷雪風にて、人夫多分死失致、木曽路にては足首を氷に被閉、病付者夥敷候て、下々大きに難渋致し候。

さては平右衛門さん、見たな。

⑦　安政元年（一八五四年）大地震と津波

同年十一月二日、雨天の処、三日雷に相成、同夜相止候処、四日朝天気朦々として雲気立ちたる日なりしに辰中刻、俄に大地震にて其恐事言語に述べ難し。筆取さえも手ふるえ申候。破損は数不知。神武己來未曾有の大地震也。犬山にては各（ママ）別大損は無之候へ共、土蔵又は座敷等の壁は皆ひび入り、土をふるひ候蔵も余多御座候。人々表又は裏へ逃出。世界今にも滅すべきかと面色青ざめ驚嘆す。両三度ゆる。同五日、七ツ七・八分頃に又々大地震にて、裏へ逃出候処、地震納まる哉否哉、西南の方にて雷の如成鳴音致、地上鳴動する事、大なる車を走らす如くにて、諸人此音にて、地震来る時は、生たる者は一人も有間敷と愁傷して、神仏を祈る外に他なし。後にて聞けば、此鳴音は、諸国共に同時同方角にして、海沖のよし、此時諸国の浜手は津波来り、損ずることおびただし。四日より毎日四五度、あるひは七八度づゝ、地震ゆすり、昼夜共家内に居ること出来不申、皆々小屋掛致し裏にて暮し候。尤家業を致し候事不出来、店は戸にして家内不残裏にで相暮申候。諸国共に右の如し。只北国は無事に御座候が、折節寒気甚敷して、老人或は病人等、寒気にうたれ死する者多く御座候て其難渋筆紙につくし難し。中町（犬山ナカチョウ）辺にては裏無候間、門口に床台出て、其上にふとん等を敷て、番所のごとくに致し、毎夜、右の処にて暮し候。折節火事度々に御座候て、早鐘をつくやら、誠に生たる心地は無之。凡四日より十二三日まで、昼夜共に七八度づゝゆり申候。十五六日より少し遠ざかり、昼夜に二三度づゝ、と相成候。当夏の地震よりは百倍に御座候。（下略　＊編者注、以下編者の記述）次にはさ、書が記してある。その内興味のあるのは、熱田様の境内だけは大地が震らなかったという俗説であろう。

・熱田様御社内地震ゆり不申候間、夜燈一つも損無之、誠に不思議の事共也。依之宮の宿の者共、男女に限らず不残、御社内へ引移候て、御境内の中、人にて錐を立る処茂無之由、尤も（＊はたまた）諸方よりの参詣、代表等引切らず。

いわゆる「安政東海地震」である。震源は東海道沖。最大震度七と推定され、死傷者二―三千人とされている。

安政元年から三年にかけては、日本中で自然災害の多かった年であったことが記録されている。

〇　洪水大風等々々々

〇安政二年卯二月十二日、甲州大雪大地震。

〇同　　年七月廿九日　終日大雨

△青木川　塔の地内にて左右へ切込む。

△木曽川　七合五勺。流木なし。
△阿島川　一升三合、切込三ヶ所、名古屋巾下水入。六十年来の出来事。名古屋街道上下共十日斗、道路止る。上流多治見、池田辺大水、人家流れ田畑損。
△内津山抜き（土砂崩れ）、人家田畑皆つぶれの村あり。
△可児川筋大水　土田はね橋危し。この辺の車屋（＊水車小屋　筆者推測）不残流る。
○同　年八月廿日　昼八ッより夜五ッ迄大風。
△宮宿　津波にて古町辺人家流人死す。
△宮新田　津波にて大損。
△八方新田　田畑人家皆流。人死二百人斗。
△永徳新田　藤高新田半つぶれにて人家流。人死数不知。
△知多郡　水損にて人死数不知、惣じて尾州三州浜手は大損にて人死多し。
△岡崎橋　三つに切れ中程の処、志の島（＊篠島　筆者推測）に付。
△横須賀港ニ廿二日の朝死骸百参拾六付候てお役人御改に相成由。
○同　年九月十四日　夜四ッ時地震。
○〃　同月廿八日　暮六ッ時地震、去年十一月の地震より少し。
○〃　十月二日　亥の刻江戸大地震……人死数万人、けが何十万人と云事を不知……去年以来数度の大地震にて万民安居する事不能、日夜薄氷を踏む思ひ也。後世太平の時に生れ候者、是を見て無事の有難きを仰ぐべし。

○安政三年七月六日昼過大雷雨。

○〃　八月十一日、夕暮、通り物（＊竜巻）有之、犬山街道橋爪の並木数十本根より抜け、街道不通。

○同　年八月廿五日　江戸大風雨、大津波。

⑧　献立

平右衛門は元治二年（一八六五）八十二歳で没する。三十五日弔上げの追善の献立は以下のようである。（）内は筆者注。

一、飯　　　　　　中酒（食事のときに飲む酒）

一、汁　こもとふ

一、坪（深い蓋のある漆器）　蓮こん、かしこぶ、くわい

一、皿　水せん（葛菓子）、みしま（高麗陶器）いり酒
一、引肴（引出物の肴）　焼湯葉、川たけ、蓮こん、ゆり根、角麩
一、すし　右大手塩（おてしょ―お皿）もり引
一、丼　三ツ葉ひたし
一、吸物　松露、ふき
一、茶せん　孟宗、葛煮

［著者略歴］
丹羽　健夫（にわ・たけお）
1936年生まれ。名古屋大学経済学部卒業。現在、河合文化教育研究所主任研究員、名古屋外国語大学客員教授。
1967年より河合塾勤務。以来一貫してカリュキラム作成、生徒指導、教員確保、生徒募集に従事、進学教育本部長、理事としてその責任を担う。1989年「第二次ベビーブームの子供たちを救え」（朝日ジャーナル、中央公論等）の提案で大学の臨時定員増を促進する。
2000年春「大学入試問題作成請け負います」を宣言。そのほか「論座」（朝日新聞社）「文藝春秋」（文藝春秋社）等への出稿、高等学校・大学での講演等をこなし、教育の現場から制度まで教育全般について幅広くメッセージの発信をし続ける。
【著書】『予備校が教育を救う』（文藝春秋）、『悪問だらけの大学入試』（集英社）、『眠られぬ受験生のために』（中央公論）、『母親のための大学入試トラの巻』（中央公論）、『親と子の大学入試』（共著　中央公論）

装幀／三矢　千穂

愛知の寺子屋

2012年4月24日　第1刷発行
（定価はカバーに表示してあります）

著　者　　丹羽　健夫

発行者　　山口　　章

発行所　名古屋市中区上前津 2-9-14　久野ビル
振替 00880-5-5616 電話 052-331-0008　風媒社
http://www.fubaisha.com/

乱丁本・落丁本はお取り替えいたします。　＊印刷・製本／モリモト印刷
ISBN978-4-8331-1095-2